Geschlechtersensibles Lehren im Sport

Natalia Fast · Christine-Irene Kraus ·
Valerie Kastrup

Geschlechtersensibles Lehren im Sport

Ein Ratgeber für Universitäten,
Schulen und Sportvereine

 Springer Spektrum

Natalia Fast
Fakultät für Psychologie und
Sportwissenschaft
Universität Bielefeld
Bielefeld, Nordrhein-Westfalen
Deutschland

Christine-Irene Kraus
Fakultät für Psychologie und
Sportwissenschaft
Universität Bielefeld
Bielefeld, Nordrhein-Westfalen
Deutschland

Valerie Kastrup
Fakultät für Psychologie und
Sportwissenschaft
Universität Bielefeld
Bielefeld, Nordrhein-Westfalen
Deutschland

ISBN 978-3-662-69264-6   ISBN 978-3-662-69265-3   (eBook)
https://doi.org/10.1007/978-3-662-69265-3

Die Deutsche Nationalbibliothek verzeichnet diese Publikation in der Deutschen Nationalbibliografie; detaillierte bibliografische Daten sind im Internet über https://portal.dnb.de abrufbar.

Einbandabbildung: © Drazen/Stock.adobe.com

Planung/Lektorat: Ken Kissinger
Springer Spektrum ist ein Imprint der eingetragenen Gesellschaft Springer-Verlag GmbH, DE und ist ein Teil von Springer Nature.
Die Anschrift der Gesellschaft ist: Heidelberger Platz 3, 14197 Berlin, Germany

Wenn Sie dieses Produkt entsorgen, geben Sie das Papier bitte zum Recycling.

Einführung

Im Sport stehen der Körper, körperliches Handeln und – in besonderem Maße – körperliche Leistungen im Fokus. Die an den Körper gebundenen Handlungen sind im Sport jedoch nicht privater Natur, sondern auch für Betrachtende sichtbar. Da über Körperpräsentationen das Geschlecht einer Person nach außen kommuniziert wird, ist der Sport – und eben auch der Schulsport – eine geradezu ideale Bühne für die Darstellung von Geschlecht, aber auch für Beobachtungen von Geschlechterinszenierungen. Dies stellt Lehrkräfte und Lehrende vor Herausforderungen, zumal sich im Feld des Sports traditionelle Geschlechterbilder und stereotype Erwartungen – aufgrund der Zweigeschlechtlichkeit des organisierten Wettkampfsports – besonders hartnäckig zu halten scheinen. Darin liegt ein erhebliches Problem für den Sportunterricht, denn geschlechterstereotype Zuschreibungen können zu Ungleichheitsprozessen und zur Bildung hierarchischer Beziehungen zum Nachteil bestimmter Personengruppen, v. a. von Mädchen und Frauen sowie auch trans*, inter* und nicht-binären Personen, führen. Deshalb gilt es, geschlechterstereotype Denkmuster und Handlungen durch eine geschlechtersensible Pädagogik und Didaktik nicht nur im Schulsport, sondern bereits in der universitären Sportlehrer*innenbildung aufzudecken und Handlungsalternativen aufzuzeigen.

Das Ziel des vorliegenden Ratgebers ist es, hierzu einen Beitrag zu leisten. Das Buch soll allen Akteur*innen eine Vorstellung vermitteln, wie geschlechtersensible Lehr-Lern-Settings im Sport an der Schule und Hochschule geplant und durchgeführt werden können, und Anregungen für das individuelle Handeln liefern. Hochschullehrende sowie angehende und praktizierende Sportlehrkräfte sollen angeregt werden, sich mithilfe des Ratgebers mit dem Thema

Geschlecht im Kontext sportlichen Handelns auseinanderzusetzen. Wir möchten Lehrkräfte und Lehrende auf diese Weise für einen reflektierten Umgang mit Geschlechteraspekten im Sport sensibilisieren und sie zu einer Weiterentwicklung ihrer Geschlechterkompetenz motivieren, damit sie künftig geschlechtsinduzierte Ungleichheitssituationen im Sportunterricht, in der Hochschullehre und in anderen Sportsettings, wie z. B. gemischtgeschlechtlichen Kindersportgruppen im Sportverein, identifizieren und reflektieren können. Dies sind wesentliche Voraussetzungen für die Planung und Durchführung von geschlechtersensiblen Lehr-Lern-Settings.

Zur Verwendung des Buches: Die einzelnen Kapitel können unabhängig voneinander gelesen werden. Im ersten Teil (Kap. 1–4) werden theoretische Grundlagen zum Thema Geschlecht und Sport gegeben, dann folgen allgemeine Empfehlungen zur geschlechterbewussten Didaktik (Kap. 5 und 6). Die Kap. 7 und 8 reflektieren geschlechtsbezogene Situationen und Äußerungen in sportlichen Settings und geben Empfehlungen für einen geschlechtersensiblen Umgang. Im 10. Kapitel werden dann verschiedene Bewegungsfelder in den Blick genommen und konkrete Hinweise für deren geschlechtergerechte Gestaltung gegeben. Abschließend werden zwei erprobte Konzeptionen zur Schulung von Sportstudierenden sowie von Sportlehrkräften vorgestellt (Kap. 11 und 12). Ein Glossar zu Begrifflichkeiten und theoretischen Ansätzen im Zusammenhang mit dem Thema Geschlechtersensibilität runden den Ratgeber ab (Kap. 13).

Dieses Buch ist aus zwei Projekten hervorgegangen, die von der Universität Bielefeld im Rahmen der Gleichstellungsarbeit ermöglicht und finanziell unterstützt wurden. Den Hilfskräften in diesem Projekt – Siân Birkner und Lisa Harms – möchten wir nicht nur für redaktionelle Arbeiten, sondern auch für inhaltliche Anregungen ganz herzlich danken. Für wertvolle Hinweise zum Umgang mit geschlechtsbezogenen Aspekten in sportpraktischen Kursen im Sportstudium oder im Schulsport möchten wir Tobias Fröbel, Celina Güzeldere, Michael Gromeier, Viola Kühn, Katrin Neumann, Dietmar Pollmann, Mario Rasche und Jörn Wenderoth unseren besonderen Dank aussprechen. Auch danken wir allen weiteren Sportlehrkräften und -studierenden, die sich mit uns über ihre Erfahrungen mit dem Thema Geschlecht und Sport ausgetauscht haben. Schließlich danken wir Ru Kim Haase für die eingebrachte Expertise in Bezug auf TIN* Personen und Christa Kleindienst-Cachay für vielfältige inhaltliche sowie redaktionelle Anregungen.

Inhaltsverzeichnis

1 Zur Relevanz von Geschlecht im Kontext des Sports 1
Literatur 4

2 Geschlecht – Was ist darunter zu verstehen? 7
2.1 Zum Alltagsverständnis der Zweigeschlechtlichkeit 7
2.2 Geschlecht als soziale Konstruktion 8
2.3 Geschlechterdiversität 9
Literatur 11

3 Geschlechterkompetenz 13
3.1 Warum ist Geschlechterkompetenz wichtig? 13
3.2 Was heißt Geschlechterkompetenz? 14
Literatur 17

4 Trans*, inter* und nicht-binäre Personen im Sport 19
4.1 Allgemeine Empfehlungen 20
4.2 Empfehlungen für den Sport(-Unterricht) 23
Literatur 25

**5 Konzeptionelle Aspekte geschlechterbewussten Handelns
in Schule, Universität und Verein** 27
5.1 Geschlechterbewusste Didaktik 27
5.2 Geschlechtergerechte Sprache 29
5.3 Einsatz von bildlichen Darstellungen 33
5.4 Verwendung wissenschaftlicher Literatur im Studium
der Universität 36
Literatur 38

6   Teams bilden – geschlechtersensibel 39
     Literatur 40

7   Wie umgehen mit geschlechtsbezogenen Äußerungen bzw.
     Situationen in sportpraktischen Lehrveranstaltungen? 41
     Literatur 49

8   Wie umgehen mit geschlechtsbezogenen Äußerungen und
     Situationen im Schulsport? 51
     Literatur 63

9   Menstruation und Nichtteilnahme am
     Sport(-Unterricht) – Handlungsempfehlungen 65
     9.1   Fächerübergreifende Aufklärungsarbeit 66
     9.2   Durchführung eines offenen Gesprächs im
           Sportunterricht 67
     9.3   Maßnahmen bei wiederholter Nichtteilnahme 68
     9.4   Das Thema *Menstruation* in den fachpraktischen
           Kursen im Sportstudium 70
     Literatur 71

10   Bewegungsfelder und Sportbereiche – Hinweise zu
     geschlechtsbezogenen Aspekten 73
     10.1   Psychomotorik 74
     10.2   Bewegungsspiele 78
     10.3   Leichtathletik – Laufen, Springen, Werfen 83
     10.4   Schwimmen – Bewegen im Wasser 91
     10.5   Turnen – Bewegen an Geräten 98
     10.6   Gymnastik/Tanz – Gestalten, Tanzen, Darstellen 107
     10.7   Sportspiele – Spielen in und mit Regelstrukturen 113
     10.8   Rollsport/Bootssport/Wintersport – Gleiten, Fahren,
            Rollen 120
     10.9   Zweikampfsport – Ringen und Kämpfen 126
     10.10 Training im Schulsport 133
     Literatur 138

11   Förderung der Geschlechterkompetenz von
     Sportstudierenden – drei Seminareinheiten zum
     Thema *Geschlecht im Sport* 141
     Literatur 147

12 Fortbildungskonzeption für Sportlehrkräfte – ein Workshop
zur Ausbildung von Geschlechterkompetenz 149
12.1   Vortrag „Geschlechterkompetent im Sportunterricht" 149
12.2   Analyse einer typischen Situation im Sportunterricht 150
12.3   Gruppenarbeit mit Fallbeispielen 152
12.4   Fragen und Antworten 152
Literatur 153

Glossar 155

Literatur 165

Stichwortverzeichnis 167

Zur Relevanz von Geschlecht im Kontext des Sports

In kaum einem anderen Teilbereich der Gesellschaft tritt die Geschlechterbinarität so offen zutage wie im Sport. Hier stellt die Kategorie Geschlecht ein zentrales Unterscheidungskriterium dar, über das Ein- und Ausschlüsse erfolgen. Der Sport gründet auf einer somatischen Kultur, die den Körper und die mit ihm erbrachten Leistungen in den Fokus rückt. Gleichzeitig wird am Körper das Geschlecht einer Person vermeintlich sichtbar, sodass Leistungsunterschiede auf die Geschlechtszugehörigkeit zurückgeführt werden. Angesichts dessen werden – bis auf wenige Ausnahmen – Wettkämpfe im organisierten Sport nach Geschlecht getrennt durchgeführt (vgl. Gieß-Stüber et al., 2023, S. 152). Eine Einteilung in *männlich* bzw. *weiblich* erscheint nahezu natürlich.

Nach Heckemeyer (2018) gerät dabei allerdings die Tatsache aus dem Blick, dass erst durch die Segregation von Wettbewerben nach Mann und Frau sowie die Unterscheidung unterschiedlicher Leistungsanforderungen an die Geschlechter – z. B. durch geschlechterbezogene Regelwerke oder unterschiedliche Sportgeräte – die Vorstellung von einer eindeutigen Geschlechterdifferenz im Sport entsteht (vgl. auch Müller, 2006, S. 401). Die im Sport grundlegende Leistungsklasse Geschlecht ist also nicht auf eine natürliche Zweigeschlechtlichkeit zurückzuführen, sondern bringt die Vorstellung einer natürlichen Zweigeschlechtlichkeit mit Unterschieden zwischen Männern und Frauen überhaupt erst hervor (vgl. Heckemeyer, 2018, S. 84). Damit erweist sich die Leistungsklasse Geschlecht „als eine geschlechterdifferenzierende und -konstituierende Struktur" (Heckemeyer & Gramespacher, 2019, S. 10).

Die auf diese Weise konstruierten Leistungsunterschiede zwischen Frauen und Männern im Sport gehen auf die Vorstellung männlicher Überlegenheit zurück, gilt doch der mit Männlichkeit assoziierte Sport nach wie vor als Norm

(Sobiech & Ochsner, 2012, S. 9 f.). Dies zeigt sich insbesondere daran, dass ein größeres mediales Interesse an Sportarten besteht, die vorwiegend von Männern ausgeübt werden (vgl. Gieß-Stüber & Sobiech, 2017, S. 267 f.). Dies ist auch historisch bedingt, war doch Sport zunächst exklusiv Männern vorbehalten und damit männlich verortet (vgl. Pfister, 2017).

Die geschlechtsspezifische Segregation im Sport, die sich z. B. an Leistungsklassen, unterschiedlichen Disziplinen in bestimmten Sportarten sowie spezifischen Bekleidungsordnungen zeigt, bringt im Alltag geschlechtsbezogene Zuschreibungen hervor (Sobiech, 2013, S. 249 ff.). Mit den hieraus resultierenden Erwartungen sind alltagsweltliche Stereotype verbunden, wonach beispielsweise Männern grundsätzlich mehr Kraft und Ehrgeiz attestiert wird, Frauen hingegen eher ästhetisch-gestalterische Sportarten und besondere Fähigkeiten in diesem Bereich zugeschrieben werden (vgl. Firley-Lorenz, 2004, S. 244). Entlang dieser Vorannahmen zeigt sich eine polare Gegenüberstellung von Geschlecht, der eine hierarchische Struktur innewohnt, da vermeintlich männliche Eigenschaften im Sport einen Vorteil suggerieren, Weiblichkeit hingegen abgewertet wird.

Personen, die sich weder eindeutig männlich noch weiblich verorten, bleiben bei einer solchen binären Vorstellung von Geschlecht unberücksichtigt. In den letzten Jahren ist zu beobachten, dass Sportvereine im Breitensport vermehrt Angebote machen, die diese Personen in besonderem Maße ansprechen, so z. B. der Sportverein Seitenwechsel e. V., der Frauen, Lesben, trans*, inter* und Mädchen adressiert (vgl. Huber, 2023). Diese, sich als queer verstehenden Sportgruppen bzw. Vereine haben das Ziel, alle Geschlechter zu inkludieren und dazu eine besondere Willkommenskultur zu schaffen (vgl. Landessportbund NRW, 2023). Schaut man allerdings auf Wettkämpfe, die durch die Verbände organisiert werden, dann erfolgt die Bewertung der Leistungen doch nicht geschlechterunabhängig. Im Fußball-Amateurbereich oder im Hockey können trans*, inter* und nicht-binäre Personen selbst entscheiden, ob ihnen eine Spielberechtigung in einem Frauen- oder Männerteam erteilt wird. Auch bei Laufveranstaltungen, die Breitensportcharakter haben, können trans*, inter* und nicht-binäre Personen ihre Startklasse (m/w) selbst wählen (vgl. Landessportbund NRW, 2023). Im leistungsmäßig betriebenen Wettkampfsport wird die Teilnahme von trans* Personen bzw. sich nicht eindeutig zuordnenden Personen derzeit kontrovers diskutiert. Die binäre Sichtweise und heteronormative Vorstellungen sind dort nach wie vor dominant. D. h., es wird davon ausgegangen, dass es nur zwei biologisch zu bestimmende Geschlechter gibt und dass sich ausschließlich diese beiden sexuell anziehen (vgl. Gieß-Stüber et al., 2023, S. 153). Zweigeschlechtlichkeit und Heterosexualität gelten demgemäß als Norm im Bereich des Wettkampfsports. Die Diskriminierung von Personen, die dieser Norm nicht entsprechen, ist auch in der öffentlichen Diskussion über den Profisport hinaus ein Thema (vgl. u. a. Brems, 2020; Späth, 2022; Brück, 2023).

Was heißt das nun alles für den Sport in der Schule, im Sportstudium und im Verein? Durch die heteronormative Orientierung des Sports spielt Geschlecht stets eine Rolle in den verschiedenen Settings des Sports, und zwar sowohl unterbewusst als auch bewusst. Die auf Zweigeschlechtlichkeit basierenden Strukturen erfordern bislang von allen Akteur*innen, d. h. Vereinssportler*innen, Studierenden und Schüler*innen, eine „geschlechtliche Selbstverortung" (Gieß-Stüber et al., 2023, S. 167), also die eindeutige Zuordnung als männlich oder weiblich – abgesehen von den Settings queerer Sportgruppen. Allerdings ist auch hier – bei gemischtgeschlechtlichen Teamzusammensetzungen im Wettkampfsport – eine binäre geschlechtliche Zuordnung notwendig, wenn durch das Reglement eine bestimmte Anzahl von Frauen bzw. Männern vorgeschrieben ist. Eine nach Geschlecht differenzierte Leistungsbewertung findet sich bei jenen Sportarten, bei denen die Leistung nach den Kriterien Zentimeter, Gramm und Sekunde (cgs-Sportarten) gemessen wird, wie z. B. in der Leichtathletik, im Schwimmen und Radfahren. Dazu liegen im wettkampfmäßig betriebenen Sport der Vereine entsprechende Wertungstabellen vor, die nach Mädchen/Frauen und Jungen/Männern differenzieren. Dies ist aber auch der Fall bei breitensportlichen Wettbewerben, wie dem Deutschen Sportabzeichen und den Bundesjugendspielen an den Schulen. Auch die Leistungsbewertungen in den fachpraktischen Kursen des Sportstudiums orientieren sich an Normtabellen, die nach zwei Geschlechtern differenzieren. Ferner findet der traditionelle Ligabetrieb in Teamsportarten des organisierten Sports getrennt nach Jungen und Mädchen bzw. Männern und Frauen statt, während bspw. im normgebundenen Turnen unterschiedliche Geräte, Elemente und Kleidung für Frauen und Männer vorgesehen sind.

Was speziell den Schulsport angeht, belegen Forschungsergebnisse, dass die Vorstellung dessen, was *richtiger* Sport ist, bis in den Sportunterricht hineinwirkt und an männlich konnotierten Normen orientiert ist (Sobiech, 2013, S. 252). Die Schüler*innen kommen meist mit verfestigten geschlechtsbezogenen Vorstellungen des Sports (Sportartpräferenzen, -konzepte und Motive für das Sporttreiben) in den Unterricht und diese müssen – im Rahmen einer geschlechtersensiblen Pädagogik – durch Sportpädagog*innen erst einmal irritiert und infrage gestellt werden (Mutz & Burrmann, 2014, S. 171). Empirische Befunde bestätigen die Notwendigkeit einer Auseinandersetzung mit diesem Thema, denn es ergeben sich für bestimmte Schüler*innengruppen erhebliche Benachteiligungen aus diesem stereotypen Denken. Schüler erlangen im Schnitt bessere Sportnoten als Schülerinnen, was nicht zuletzt daran liegt, dass ihnen eine bessere Förderung zuteilwird, u. a. weil sie von ihren Lehrkräften als sportlich kompetenter und affiner eingestuft werden und der Sportunterricht inhaltlich oftmals an ihren Sportinteressen ausgerichtet wird (Mutz & Burrmann, 2014, S. 171 f.). Die geschlechtsspezifisch gelesenen Körper von Schüler*innen wirken hierbei als besondere Projektionsfläche für geschlechtsbezogene Attribuierungen und damit einhergehende Kompetenzerwartungen (Tietjens, 2009, S. 294 f.; Sobiech, 2013, S. 252).

Eine besondere Relevanz für ein geschlechtersensibles Handeln im Sport kommt daher dem sportwissenschaftlichen Lehramtsstudium zu, da hier die Basis für eine entsprechende Didaktik und Methodik im Schulsport oder anderen Feldern des Sports gelegt wird. Die fachpraktischen Kurse bieten hierfür besonders gute Gelegenheiten. Studierende können nicht nur im Rahmen ihrer eigenen Bewegungsrealisation dazu angeregt werden, ihr geschlechtsbezogenes Erleben und ihre diesbezüglichen Vorannahmen zu reflektieren, sondern sich auch in der Rolle als künftige Lehrkräfte erproben und dabei geschlechterbezogene Situationen antizipieren sowie geschlechtersensible Lösungen entwickeln, die geeignet sind, Benachteiligungen qua Geschlecht zu verhindern. Auf diese Weise kann die Internalisierung vielfältiger und in der späteren Berufspraxis flexibel einsetzbarer Handlungsoptionen gefördert werden. Eine Sensibilisierung der Studierenden von Anfang an ist notwendig, um später eine geschlechtergerechte Pädagogik umsetzen zu können. Dies zu fordern bedeutet allerdings, dass zunächst Lehrende an Hochschulen darin geschult werden müssen, geschlechtersensible Lehr-Lern-Settings zu initiieren, um entsprechende Lernprozesse bei den Studierenden in Gang zu setzen.

Literatur

Brems, L. (2020). Sie sind im Sport nicht willkommen. *Die Zeit*. https://www.zeit.de/sport/2020-07/geschlechtertrennung-sport-aufhebung-fairer-wettbewerb-rechtsstreit-connec ticut.

Brück, M. (2023). *Transgender-Leichtathletinnen ausgeschlossen*. Deutsche Welle. https://www.dw.com/de/world-athletics-schliesst-transgender-leichtathletinnen-aus/a-651 04230.

Firley-Lorenz, M. (2004). *Gender im Sportlehrberuf. Sozialisation und Berufstätigkeit von Sportlehrerinnen in der Schule*. Afra Verlag.

Gieß-Stüber, P., & Sobiech, G. (2017). Zur Persistenz geschlechtsbezogener Differenzsetzungen im Sportunterricht. In G. Sobiech & S. Günter (Hrsg.), *Sport & Gender – (inter)nationale Sportsoziologische Geschlechterforschung. Theoretische Ansätze, Praktiken und Perspektiven* (S. 265–280). Springer.

Gieß-Stüber, P., Fedorchenko, A., & Fink, Né. (2023). Geschlechtlicher Vielfalt im Sport gerecht werden. In P. Gieß-Stüber, A. Fedorchenko, & Né. Fink (Hrsg.), *Gesellschaftlicher Zusammenhalt im und durch Sport: Bildung für Vielfalt und Nachhaltige Entwicklung* (S. 149–176). Springer.

Heckemeyer, K. (2018). *Leistungsklassen und Geschlechtertests: Die heteronormative Logik des Sports.* Transcript.

Heckemeyer, K., & Gramespacher, E. (2019). Perspektiven auf geschlechtliche Vielfalt im Sport. *FZG – Freiburger Zeitschrift für GeschlechterStudien, 25*(1), 5–21. https://doi.org/10.3224/fzg.v25i1.01.

Huber, S. (2023). *Geschlechtergleichstellung: Mehr als binär.* DOSB. https://gleichstellung.dosb.de/service/news/news-detail/geschlechtergleichstellung-mehr-als-binaer.

Landessportbund Nordrhein-Westfalen. (2023). *Empfehlungen für ein geschlechterinklusives Sportumfeld.* https://www.lsb.nrw/fileadmin/global/media/Downloadcenter/Chancengleichheit/Boschuere_Empfehlungen_fuer_ein_inklusives_Sportumfeld.pdf.

Mutz, M., & Burrmann, U. (2014). Sind Mädchen im koedukativen Sportunterricht systematisch benachteiligt? Neue Befunde zu einer alten Debatte. *Sportwissenschaften, 44*(3), 171–181.

Müller, M. (2006). Geschlecht als Leistungsklasse. Der kleine Unterschied und seine großen Folgen am Beispiel der „gender verifications" im Leistungssport. *Zeitschrift für Soziologie, 35*(5), 392–412. https://doi.org/10.1515/zfsoz-2006-0505.

Pfister, G. (2017). 100 Jahre Frauen im Sport. Anfänge, Entwicklungen, Perspektiven. In G. Sobiech & S. Günter (Hrsg.), *Sport & Gender – (inter)nationale Sportsoziologische Geschlechterforschung. Theoretische Ansätze, Praktiken und Perspektiven* (S. 23–34). Springer.

Sobiech, G., & Ochsner, A. (2012). *Spielen Frauen ein anderes Spiel?* Springer.

Sobiech, G. (2013). Zur Notwendigkeit der Vermittlung von Genderkompetenz in der Ausbildung von Sportlehrkräften. In R. Hildebrandt-Stramann, R. Laging, & K. Moegling (Hrsg.), *Körper, Bewegung und Schule. 1. Theorie, Forschung und Diskussion* (S. 248–263). Prolog-Verlag.

Späth, R. (2022). *Transgender im Sport. Diskussion über neue Leitlinien des IOC.* Deutschlandfunk. https://www.deutschlandfunk.de/transmenschen-im-sport-100.html.

Tietjens, M. (2009). *Physisches Selbstkonzept im Sport.* Czwalina.

Geschlecht – Was ist darunter zu verstehen?

2

2.1 Zum Alltagsverständnis der Zweigeschlechtlichkeit

Wir alle haben eine Vorstellung, wenn es um Geschlecht geht. Geschlecht ist ein alltägliches, ja *natürliches* Konzept und damit so grundlegend, wie offensichtlich. Wir wissen, dass wir eine solche Vorstellung haben, und wir nehmen an, das Geschlecht anderer an deren Erscheinungsbild ablesen zu können. Gleichzeitig verbinden wir mit dem Geschlecht bestimmte Verhaltensweisen, Regeln, Normen und Stereotypen. Diese Art von Geschlechterwissen kann man auch als *Alltagswissen* bezeichnen, also ein Wissen, welches aus der alltäglichen Erfahrung entstanden ist. Das Alltagsverständnis von Geschlecht beruht auf drei zentralen Annahmen, nämlich seiner Eindeutigkeit, Naturhaftigkeit und Unveränderbarkeit.

Der Aspekt der Eindeutigkeit meint, dass jeder Mensch eindeutig entweder als Mann oder Frau zu bestimmen sei. Die Annahme der Naturhaftigkeit hebt darauf ab, dass die Geschlechtszugehörigkeit von Natur aus gegeben ist, d. h. mit der Biologie begründet werden kann. Mit Unveränderbarkeit ist schließlich gemeint, dass die angeborene, biologische Geschlechtszugehörigkeit nicht veränderbar sei (vgl. Palzkill et al., 2020, S. 11).

Diese Alltagstheorie der Zweigeschlechtlichkeit ist jedoch nicht haltbar: Denn in der Realität lässt sich das Geschlecht einer Person nicht immer eindeutig bestimmen. Vielmehr ist aus biologischer Sicht von einem Kontinuum zwischen Männlichkeit und Weiblichkeit in Bezug auf die Geschlechtsmerkmale (Chromosomen, Hormonspiegel sowie innere und äußere Geschlechtsorgane) auszugehen (vgl. Palzkill et al., 2020, S. 11). Ergebnisse ethnografischer Forschung zeigen zudem, „dass es Kulturen gibt (oder gab), die ein völlig anderes Verständnis davon, was Geschlecht ist, zugrunde legen. Die scheinbar weltweit gültige

N. Fast et al., *Geschlechtersensibles Lehren im Sport*, https://doi.org/10.1007/978-3-662-69265-3_2

und in der Physiologie begründete Definition von Männern und Frauen ist also
keineswegs universal" (ebd., S. 12).

Auch Diskussionen im Hochleistungssport über die Wettkampfteilnahme
bestimmter Personen weisen darauf hin, dass biologische Komponenten von
Geschlecht vielfältig sind und dass die Einteilung der Leistungsklassen in männlich bzw. weiblich der Vielfalt der Geschlechter nicht gerecht werden kann. So
kann bei manchen Personen der Testosteronlevel nicht eindeutig einem bestimmten Geschlecht zugeordnet werden, denn Testosteronwerte fallen auch innerhalb
einer Geschlechtsgruppe sehr unterschiedlich aus und können auch bei einer
Person von Zeit zu Zeit variieren (vgl. Jordan-Young & Karkazis, 2019).

Neben der hier dargestellten Alltagstheorie der Zweigeschlechtlichkeit setzte
sich – angeregt durch die sozialwissenschaftliche Geschlechterforschung – ab den
neunziger Jahren die Vorstellung von einer sozialen Konstruktion von Geschlecht
durch (vgl. Hirschauer, 1989; Hartmann-Tews, 2003).

2.2   Geschlecht als soziale Konstruktion

Unter sozialkonstruktivistischer Perspektive wird Geschlecht als *soziale Konstruktion* verstanden und damit als ein fortlaufender sozialer Prozess, der in
der Interaktion mit anderen und der Umwelt entsteht (vgl. Hirschauer, 1989).
Dabei wird durch Zuschreibung und interaktive Praxis Geschlechtszugehörigkeit
hergestellt. Dies erfolgt – bewusst und auch unbewusst – in alltäglichen Situationen, wie etwa durch die Art sich zu kleiden, zu sprechen, aufzutreten oder
sich im Sport zu bewegen. Geschlecht ist also „nicht etwas, was wir haben oder
sind, sondern etwas, was wir tun" (Hartmann-Tews, 2003, S. 20). Dieses ste-
tige Inszenieren wird als doing gender bezeichnet, „eine permanente Praxis von
Zuschreibungs- und Darstellungsroutinen" (ebd., S. 21).

Doing gender konzeptualisiert Geschlecht als Ergebnis alltäglicher Situationen und nicht als Eigenschaft Einzelner. Geschlechterdifferenzen sind somit
nicht natürlich, sondern konstruiert, d. h. sie werden produziert und kontinuierlich reproduziert. Im Prozess der Geschlechtersozialisation lernen Individuen,
welche Verhaltensregeln, Kleidungsnormen etc. mit Männlichkeit und Weiblichkeit in Verbindung gebracht werden und was entsprechend ihres bei der Geburt
zugeschriebenen Geschlechts von ihnen erwartet wird (vgl. Gieß-Stüber et al.,
2023, S. 159).

„Die Existenz von genau zwei Geschlechtern, die ständige Berufung darauf
und die Behauptung, dass diese Zweigeschlechtlichkeit natürlich und notwendig sei, führt dazu, dass die herrschende binäre Geschlechterordnung als eine

natürliche erscheint" (Palzkill et al., 2020, S. 14). Im Sport geschieht dies vor allem im Kontext von körperlicher Leistungsfähigkeit. Eine „visuelle Empirie" menschlicher Körper und Leistungen bestätigt so die Naturalisierung geschlechtlicher Klassifikation. Allzu leicht wird damit eine natürliche Ordnung zwischen den Geschlechtern als erwiesen erachtet, akzeptiert und immer wieder als Referenzpunkt für die Aktualisierung der sozialen Geschlechterdifferenz in Anschlag gebracht (vgl. Hartmann-Tews, 2003, S. 24).

2.3   Geschlechterdiversität

Dass das Alltagsverständnis von Zweigeschlechtlichkeit, also eine binäre Sicht auf Geschlecht, nicht ausreichend ist, um die Realität abzubilden, ist seit dem Urteil des Bundesverfassungsgerichts von 2017 auch gesetzlich verankert. Seitdem ist es offiziell möglich, sich „dauerhaft weder dem männlichen noch dem weiblichen Geschlecht zuordnen" zu lassen und einen „anderen positiven Geschlechtseintrag als weiblich oder männlich" (BverfG, 2017) vorzunehmen. Die zusätzliche Geschlechtskategorie ‚divers' wird seither rechtlich anerkannt und die binäre Vorstellung von Geschlecht dadurch erweitert, was im Begriff der Geschlechterdiversität zum Ausdruck kommt. Damit werden auch trans*, inter* und nicht-binäre Personen berücksichtigt.

► **Definition**
Als **trans*** werden Personen bezeichnet, deren Geschlechtsidentität nicht mit dem bei der Geburt zugeschriebenen Geschlecht übereinstimmt, weil sie eine geschlechtliche Transition durchlaufen haben. Eine trans* Frau ist eine Frau, die ehemals ein Mann war. Umgekehrt bezeichnet man eine Person als trans* Mann, wenn die Person von einer Frau zum Mann geworden ist (vgl. Palzkill et al., 2020, S. 16).

Inter*Personen können weder der normativen Vorstellung von Männlichkeit noch der von Weiblichkeit eindeutig zugeordnet werden. Dies kann hormonell bedingt sein, auf Chromosomenanomalien oder auch auf eine spezifische Bildung der inneren und äußeren Geschlechtsorgane zurückgeführt werden. Intergeschlechtlichkeit sagt aber noch nichts über die Geschlechtsidentität einer Person aus. So kann sich eine inter* Person als inter* bezeichnen, aber z. B. auch als Frau oder als Mann oder nicht-binär.

Als **nicht-binär** bezeichnen sich Personen, die sich nicht mit einer binären Vorstellung von Geschlecht identifizieren, sich also weder vollständig als Mann noch vollständig als Frau verorten, sondern vielmehr dazwischen bzw. außerhalb.

Für trans*, inter* und nicht-binäre Personen wird häufig die Sammelbezeichnung TIN* verwendet. Darunter werden Personen gefasst, die den im Alltagsverständnis geteilten Vorstellungen von Geschlecht nicht entsprechen. Sie, wie wir alle, leben in einer cis-heteronormativen Gesellschaft, in der davon ausgegangen wird, dass Cis- und Endo-Geschlechtlichkeit[1] sowie Heterosexualität die Norm sind. Dies bedeutet, dass TIN* Personen marginalisiert werden, d. h. nicht selbstverständlich berücksichtigt bzw. als anders wahrgenommen werden. Somit hat die Normsetzung von Cis-Geschlechtlichkeit für TIN* Personen zur Folge, dass sie sich im Laufe ihres Lebens immer wieder outen müssen, um auf ihre Bedürfnisse aufmerksam zu machen. Dieses Coming-out ist in einer cis-heteronormativen Gesellschaft immer ein prekärer Vorgang, der mit Angst vor Ablehnung und Diskriminierung verbunden ist.

Trotz des allgemeinen Anspruchs auf Inklusion in der heutigen Gesellschaft kann die vorherrschende Cis-Endo-Heteronormativität[2] zur Exklusion von TIN* Personen führen, insbesondere dann wenn sie sich noch im Prozess der sozialen Transition befinden. Um dem entgegenzuwirken, auf die Bedürfnisse von TIN* Personen in den unterschiedlichen Sport-Settings einzugehen und sich um deren Teilhabe zu bemühen, ist die Ausbildung von Geschlechterkompetenz bei Lehrenden und Studierenden als künftigen Lehrkräften unabdingbar.

---

[1] Cis-Geschlechtlichkeit bedeutet, dass das zugeordnete Geschlecht nach Geburt auch mit der Geschlechtsidentität des jeweiligen Menschen übereinstimmt. Endogeschlechtlichkeit bedeutet, dass dieses zugeordnete Geschlecht – ohne medizinische Maßnahmen – auch den medizinisch-biologischen Maßstäben für dieses Geschlecht entspricht.

[2] Heteronormativität meint die Norm der Heterosexualität, Cis-, Endo- und Zweigeschlechtlichkeit, die damit zusammenhängenden Denk- und Wahrnehmungsmuster sowie strukturelle Privilegierungen (Kleiner, 2016). Wir verwenden hier zur Konkretisierung den Begriff Cis-Endo-Heteronormativität, um auf die Normsetzung bei der Cis- und Endogeschlechtlichkeit sowie Heterosexualität hinzuweisen.

Literatur

BVerfG, Beschluss des Ersten Senats vom 10. Oktober 2017 – 1 BvR 2019/16 -, Rn. 1-69. https://www.bverfg.de/e/rs20171010_1bvr201916.html.

Gieß-Stüber, P., Fedorchenko, A., & Fink, Né. (2023). Geschlechtlicher Vielfalt im Sport gerecht werden. In P. Gieß-Stüber, A. Fedorchenko, & Né. Fink (Hrsg.), *Gesellschaftlicher Zusammenhalt im und durch Sport: Bildung für Vielfalt und Nachhaltige Entwicklung* (S. 149–176). Springer.

Hartmann-Tews, I. (2003). Soziale Konstruktion von Geschlecht. Neue Perspektiven der Geschlechterforschung in der Sportwissenschaft. In I. Hartmann-Tews et al. (Hrsg.), *Soziale Konstruktion von Geschlecht im Sport* (S. 13–27). Springer.

Hischauer, S. (1989). Die interaktive Konstruktion von Geschlechtszugehörigkeit. *Zeitschrift für Soziologie, 18*(2), 100–118. https://doi.org/10.25595/150.

Jordan-Young, R., & Karkazis, K. (2019). *Testosterone: An Unauthorized Biography*. Harvard University Press.

Kleiner, B. (2016, Juli). *Heteronormativität*. Gender Glossar. https://www.gender-glossar.de/post/heteronormativitaet.

Palzkill, B., Pohl, F., & Scheffel, H. (2020). *Diversität im Klassenzimmer*. Cornelsen.

Geschlechterkompetenz 3

3.1 Warum ist Geschlechterkompetenz wichtig?

Die im Sport herrschende Geschlechterordnung und die damit zusammenhängende Hierarchisierung der Geschlechter gehen einerseits mit Privilegien, andererseits mit Nachteilen für bestimmte Geschlechtergruppen in unterschiedlichen Bereichen und auf verschiedenen Ebenen einher. Geschlechterhierarchie kann sich in Form einer bestimmten Erwartungshaltung gegenüber einer Genusgruppe oder aber in geschlechterbezogener Diskriminierung und Gewalt gegenüber einer bestimmten Gruppe äußern. Schaut man auf den Sportunterricht, zeigt sich z. B., dass vorwiegend traditionell männlich konnotierte Inhalte, wie etwa Ballsportarten, durchgeführt und die Interessen von Jungen stärker berücksichtigt werden, wodurch diese somit auch besser gefördert werden und in der Konsequenz bessere Leistungen erbringen als Mädchen (Mutz & Burrmann, 2014, 173 ff.). Ähnliches dürfte sich auch im Sportstudium fortsetzen.

Im organisierten Sport kommt die Geschlechterhierarchie zum Tragen, wenn etwa Herrenmannschaften bessere Sportstätten oder umfangreichere Hallenzeiten sowie höher qualifizierte Trainer*innen, Physiotherapeut*innen und eine allgemein bessere Unterstützung zugestanden werden. In besonderem Maße äußert sich diese Hierarchie zugunsten der Männer aber in unterschiedlichen Einkommen – v. a. in den Spielsportarten – wie auch dem Abschluss unterschiedlich lukrativer Werbeverträge und nicht zuletzt auch in einer größeren medialen Präsenz (Rulofs & Hartmann-Tews, 2017).

Wird all dies unwidersprochen hingenommen, dann führt dies dazu, dass bestehende Geschlechterklischees reproduziert werden und sich geschlechtsbezogene Ungleichheiten verfestigen. Benachteiligt werden dabei v. a. Mädchen und Frauen sowie all jene Personen, die binären Vorstellungen von Geschlecht und der

N. Fast et al., *Geschlechtersensibles Lehren im Sport*, https://doi.org/10.1007/978-3-662-69265-3_3

heteronormativen Ordnung nicht entsprechen. Hierzu zählen auch mit Homophobie verbundene Diskriminierungen. Um aber allen Personen eine gleichberechtigte Teilhabe am Sport zu ermöglichen, gilt es, die Reproduktion von Geschlechterstereotypen im Sportunterricht, dem Sportstudium und dem Sport im Verein
zu durchbrechen. Dazu bedarf es der Ausbildung von Geschlechterkompetenz
bei Lehrpersonen und Übungsleiter*innen, die sie befähigt, geschlechtersensible
Lehrsettings zu gestalten.

3.2   Was heißt Geschlechterkompetenz?

▶Geschlechterkompetentes Handeln meint die Fähigkeit und die Bereitschaft,
das eigene Handeln und Fachwissen unter Bezugnahme auf Geschlechteraspekte zu reflektieren und entsprechend anzupassen. Ziel ist es, die Handlungsmöglichkeiten aller Geschlechter zu erweitern und eine Gleichstellung der
Geschlechterbeziehungen zu verfolgen.

Eine geschlechterkompetente Handlungsfähigkeit gilt als „Schlüsselfunktion"
(Sobiech, 2010, S. 563) für Lehrpersonen. Geschlechterkompetenz lässt sich –
wie der Kompetenzbegriff allgemein – in die Dimensionen *Wissen, Wollen* und
Können differenzieren, die aufeinander aufbauend und als miteinander verwoben
verstanden werden.

Wissen
Die Dimension Wissen umfasst die Kenntnis über die soziale Konstruktion der
geschlechter- und gruppenbezogenen Zuschreibungen in unserer Gesellschaft.
So sollen Lehrende an Hochschulen, Lehrkräfte an Schulen, Übungsleiter*innen
und weitere Akteur*innen im Sport über das notwendige Wissen verfügen, um
die Relevanz von und soziale Festlegungen in Bezug auf Geschlecht im Alltag zu erkennen, die sich z. B. im Verhalten von Personen im Sport äußern.
Dieses Wissen muss sich darüber hinaus auch auf didaktisch-methodische Maßnahmen erstrecken, um in der Unterrichtssituation pädagogisch adäquat, d. h.
geschlechtersensibel, handeln zu können. Dies bedeutet z. B., dass Gegenbilder
entworfen und vielfältige Gestaltungschancen eröffnet werden (vgl. Kunert-Zier,
2005, S. 283; Stauber, 2007, S. 35).
    Der Aspekt des Wissens umfasst eine Theorie- und Wissensbasis, die als
Voraussetzung der hierauf aufbauenden Dimensionen des Wollens und Könnens
zu verstehen ist. Das Wissen über geschlechterbezogene Zuschreibungen und

Erwartungen im Feld des Sports sensibilisiert Sportpädagog*innen für die ständige Konfrontation mit diesen Aspekten und macht sie handlungsfähig (Frohn & Süßenbach, 2012; Palzkill & Scheffel, 2017).

Wollen

Die Dimension Wollen zielt darauf ab, dass Lehrkräfte, Lehrende und Übungsleiter*innen sich eigener Handlungen und Grundannahmen bezüglich Geschlecht bewusst werden und die eigene Beteiligung an der Herstellung der Geschlechterverhältnisse im Kontext Schule, Studium und Verein reflektieren.

Das Wollen meint Frohn und Süßenbach (2012) zufolge die Bereitschaft, Schüler*innen jenseits der konstruierten Geschlechterstereotypen zu fördern. Hierzu bedarf es einer positiven Haltung im Hinblick auf geschlechtssensibles Unterrichten. In diesem Zusammenhang spielen Fähigkeiten und Möglichkeiten zur Reflexion eigener Werte und Einstellungen eine große Rolle (Spiegel, 2018, S. 83; Reuker & Rischke, 2023, S. 245 f.). Das „Bewusstsein über die eigenen Geschlechterbilder sowie die Fähigkeit zur Selbstreflexion und die Sensibilität gegenüber möglichen Geschlechterkonstruktionen" (Kunert Zier, 2005, S. 284) subsumiert Kunert-Zier (2005) unter dem Begriff „genderbezogene Selbstkompetenz" (S. 284).

Die Selbstreflexion der Lehrperson bildet die Grundlage für die Entwicklung von Sensibilität gegenüber Geschlechterthemen. Dazu gehört auch die Beantwortung der Frage, inwiefern die Lehrkraft – wenngleich nicht beabsichtigt – an der Reproduktion von Geschlechtererwartungen teilhat (Frohn & Süßenbach, 2012) sowie die Klärung des eigenen Geschlechterverständnisses (Palzkill et al., 2020). Dies ist insofern von Bedeutung, als jede Person, die Sport vermittelt, nicht nur ein sportliches Vorbild darstellt, sondern zugleich Repräsentant*in einer Geschlechtergruppe ist (Gieß-Stüber et al., 2023). Sich dessen bewusst zu sein und gleichzeitig im pädagogischen Handeln zu zeigen, dass man geschlechtergerechtes Denken verinnerlicht hat und allen Gruppen gerecht zu werden versucht, ist das Ziel der Ausbildung von Geschlechterkompetenz.

Können

Die Dimension Können hebt auf die Ausbildung geschlechterbezogener didaktisch-methodischer Kompetenzen ab, die es ermöglichen sollen, im Unterricht eine sensible Gestaltung der Geschlechterbeziehungen, die Anerkennung von Verschiedenheit und die Eröffnung vielfältiger Entwicklungspotenziale zu realisieren mit dem Ziel, egalitäre Geschlechterverhältnisse zu fördern.

Eine geschlechtersensible Gestaltung von Lehr-Lern-Settings bezieht sich sowohl auf *konzeptionelle* als auch *interaktionelle Aspekte* (MSB NRW, 2022, S. 15; siehe hierzu die Definition „Geschlechtersensibler Sportunterricht").

Konzeptionelle Aspekte betreffen die geschlechtersensible Planung, Durchführung und Auswertung des Sportunterrichts bzw. der Praxiskurse oder Übungseinheiten im Verein. Darunter fallen die Auswahl der Ziele, Inhalte, Methoden, Organisationsformen und Medien. Dabei geht es um die Frage, ob und wie Geschlechteraspekte bei der Auswahl für eine bestimmte Unterrichts- oder Übungseinheit Berücksichtigung finden. In der Nachbetrachtung geht es dann darum, Ergebnisse zu evaluieren und ggf. die Leistungen von Lernenden zu bewerten. Im Rahmen dessen sollte auch reflektiert werden, ob und inwieweit die durchgeführte Einheit auch tatsächlich dem Kriterium Geschlechtersensibilität entsprochen hat.

Interaktionelle Aspekte einer geschlechtersensiblen Umsetzung umfassen die Ebene der spontanen Interaktionen während der Durchführung der Lehre bzw. des Unterrichts oder der Übungseinheit. Um allen Adressat*innen in ihrer spezifischen Geschlechtlichkeit gerecht zu werden und ein angstfreies Klima herzustellen, sind eine professionelle Leitungskompetenz und ein gutes Gym-Management essentiell. Dazu gehört neben einer klaren Struktur des jeweiligen Settings v. a. das Einhalten gemeinsam vereinbarter Verhaltensregeln und die Zurückweisung von Verstößen (Palzkill et al., 2020; Palzkill & Scheffel, 2017).

Konzeptionelle und interaktionelle Aspekte lassen sich jeweils mit expliziten und impliziten Maßnahmen verbinden (MSB NRW, 2022). Explizit sind dabei Ansätze, bei denen Geschlecht bewusst hervorgehoben, d. h. zum Thema gemacht wird. Eine explizite Maßnahmen auf konzeptioneller Ebene wäre z. B. die Thematisierung von Geschlecht im Hinblick auf Gesundheit, Körperbilder und Verhalten. Ferner ließe sich im Sportunterricht oder im fachpraktischen Kurs das Phänomen geschlechtsbezogener Diskriminierung offen diskutieren. Zu den impliziten Maßnahmen auf konzeptioneller Ebene zählt z. B. eine ausgewogene Geschlechterpräsentation bei der Gestaltung von Stationskarten und Arbeitsblättern. Auch ein Lernsetting, das die körperliche Exponiertheit von Schüler*innen bzw. Studierende reduziert, ist darunter zu fassen. Auf interaktioneller Ebene dagegen können Sportlehrkräfte bzw. Dozierende sich explizit gegen Diskriminierung positionieren und somit zu einem angstfreien Lernklima beitragen. In diesem Rahmen gilt es bspw. auch, gewaltvolle Handlungen und Äußerungen ggf. nicht nur zu sanktionieren, sondern auch aktiv aufzugreifen und pädagogisch zu bearbeiten. Als Beispiel für eine implizite Maßnahme auf interaktioneller Ebene ist das Bewusstsein für und die Aufmerksamkeit gegenüber geschlechtsbezogener

Stereotypen und deren Dekonstruktion aufzuführen (MSB NRW, 2022; Budde & Venth, 2010; Haase et al., i. Dr.).[1]

▶ **Definition**

Ein geschlechtersensibler Sportunterricht zeichnet sich dadurch aus, dass Lehrkräfte die Bedeutsamkeit von Geschlecht im Sportunterricht wahrnehmen, aufmerksam gegenüber geschlechtsbezogenen Zuschreibungen sind und deren Reproduktion zu vermeiden versuchen, um Schüler*innen keinen Geschlechterstereotypen zu unterwerfen und diese nicht auf ihr Geschlecht zu reduzieren (vgl. Frohn & Süßenbach, 2012).[2]

Ziel ist es, allen Schüler*innen eine umfassende Entwicklung ihrer Fähigkeiten und Fertigkeiten im Bereich Bewegung, Spiel und Sport zu ermöglichen. Dies wird erreicht durch:

- ein breites Bewegungsangebot
- einen stärken- und interessenorientierten Ansatz
- einen mehrperspektivischen Zugang
- eine geschlechtersensible Sprache
- vielfältige Repräsentationen von Geschlecht
- geschlechterunabhängige Aufgabenstellungen

Literatur

Budde, J., & Venth, A. (2010). *Genderkompetenz für lebenslanges Lernen: Bildungsprozesse geschlechterorientiert gestalten.* Bertelsmann.

Frohn, Judith & Süßenbach, Jessica (2012). Geschlechtersensibler Schulsport. Den unterschiedlichen Bedürfnissen von Mädchen und Jungen im Sport mit Genderkompetenz begegnen. *Sportpädagogik, 36*(6), 2–7.

Gieß-Stüber, P., Fedorchenko, A., & Fink, Né. (2023). Geschlechtlicher Vielfalt im Sport gerecht werden. In P. Gieß-Stüber, A. Fedorchenko, & Né. Fink (Hrsg.), *Gesellschaftlicher Zusammenhalt im und durch Sport: Bildung für Vielfalt und Nachhaltige Entwicklung* (S. 149–176). Springer.

Haase, R. K., Kraus, C.-I., Fast, N., & Kastrup, V. (i. Dr.). Diversitätskompetenz in der Ausbildung von Sportlehrkräften unter besonderer Berücksichtigung von Geschlecht. In I. Glockentöger (Hrsg.), *Genderkompetenz in der Ausbildung von Lehrkräften.*

---

[1] Eine Ausdifferenzierung konzeptioneller und interaktioneller Aspekte in Verbindung mit expliziten und impliziten Maßnahmen findet sich bei Haase et al. (i. Dr.).

[2] Vgl. hierzu auch Ruin (2023).

Kunert-Zier, M. (2005). *Erziehung der Geschlechter. Entwicklungen, Konzepte und Gender-kompetenz in sozialpädagogischen Feldern. Gefälligkeitsübersetzung: Education of the genders. Developments, concepts and gender competence in sociopedagogic areas.* VS Verlag.

Ministerium für Schule und Bildung des Landes Nordrhein-Westfalen (Hrsg.). (2022). *Pädagogische Orientierung für eine geschlechtersensible Bildung an Schulen in Nordrhein-Westfalen.*

Mutz, M., & Burrmann, U. (2014). Sind Mädchen im koedukativen Sportunterricht systematisch benachteiligt? Neue Befunde zu einer alten Debatte. *Sportwissenschaften, 44*(3), 171–181.

Reuker, S., & Rischke, A. (2023). Professionalisierung von Sportlehrkräften für den diversitätssensiblen Unterricht: Erkenntnisse und Konzepte. In S. Ruin & G. Stibbe (Hrsg.), *Sportdidaktik und Schulsport: Zentrale Themen einer diversitätssensiblen Fachdidaktik* (S. 243–260). Hofmann.

Ruin, S. (2023). Vielfalt im Schulsport: Zum Anspruch einer diversitätssensiblen Fachdidaktik. In S. Ruin & G. Stibbe (Hrsg.), *Sportdidaktik und Schulsport: Zentrale Themen einer diversitätssensiblen Fachdidaktik* (S. 53–77). Hofmann.

Rulofs, B., & Hartmann-Tews, I. (2017). Mediale Präsentation zu den Befunden inhaltsanalytischer Studien. In G. Sobiech & S. Günter (Hrsg.), *Sport & Gender – (inter)nationale Sportsoziologische Geschlechterforschung. Theoretische Ansätze, Praktiken und Perspektiven* (S. 61–74). Springer.

Palzkill, B., & Scheffel, H. (2017). Geschlechterkompetenz im Sportunterricht. In I. Glockentöger & E. Adelt (Hrsg.), *Gendersensible Bildung und Erziehung in der Schule. Grundlagen – Handlungsfelder – Praxis* (S. 173–186). Waxman.

Palzkill, B., Pohl, F., & Scheffel, H. (2020). *Diversität im Klassenzimmer.* Cornelsen.

Sobiech, G. (2010). Gender als Schlüsselqualifikation von (Sport-)Lehrkräften. In N. Fessler, A. Hummel, & G. Stibbe (Hrsg.), *Handbuch Schulsport* (S. 554–569). Hofmann.

Stauber, B. (2007). Selbstinszenierungen junger Szene-Aktivistinnen – Gender-Konstruktionen in Jugendkulturen. In G. Rohmann (Hrsg.), *Krasse Töchter. Mädchen in Jugendkulturen* (S. 32–43). Archiv der Jugendkulturen.

Von Spiegel, H. (2018). *Methodisches Handeln in der Sozialen Arbeit: Grundlagen und Arbeitshilfen für die Praxis* (6., durchgesehene Auflage). Ernst Reinhardt Verlag.

Trans*, inter* und nicht-binäre Personen im Sport

4

Nicht erst seit dem Urteil des Bundesverfassungsgerichts zum dritten Geschlecht aus dem Jahr 2017 hat das Thema der Geschlechterdiversität gesamtgesellschaftlich an Bedeutung gewonnen, insbesondere an Schulen und Universitäten (Hoenes et al., 2019). Die binäre Vorstellung von Geschlecht wird im Alltag zunehmend durch die Existenz von trans*, inter* und nicht-binären (kurz: TIN*) Kindern, Jugendlichen und jungen Erwachsenen aufgebrochen. Im schulischen und universitären Alltag kann dies bei Lehrkräften und Dozierenden wie auch bei Schüler*innen und Studierenden zu Verunsicherung, aber auch Diskriminierung führen. In Lehr-Lern-Settings gilt es deshalb, einen respektvollen Umgang mit TIN* Personen zu etablieren.

Besondere Herausforderungen ergeben sich im Schulsport, im Sportstudium sowie im Vereinssport, weil sich der Sport nach wie vor stark an einer binärgeschlechtlich ausgerichteten Struktur orientiert.[1] Mit Blick auf TIN* Personen stellen sich nicht nur Fragen zur Nutzung von Umkleiden und Toiletten, sondern auch zur Gestaltung von Lehr-Lern-Settings in homo- und heterogenen Geschlechtergruppen sowie zur Leistungsbeurteilung.[2]

Bislang geführte bildungspolitische, sportbezogene und wissenschaftliche Diskussionen haben keine fundierten und allgemeingültigen Hinweise für den Umgang mit bestimmten Situationen in der Interaktion mit TIN* Personen geben

---

[1] Vgl. hierzu auch den von Frohn und Heckemeyer (2024) verfassten Überblicksartikel zur geschlechtlichen Vielfalt im Sport und Sportunterricht.

[2] Vgl. hierzu auch Möhwald (2024), die auf Basis einer qualitativen Interviewstudie mit trans* Schüler*innen deren Erfahrungen im Sportunterricht aufzeigt und daraus Impulse für einen trans* Personen berücksichtigenden Sportunterricht gibt.

N. Fast et al., *Geschlechtersensibles Lehren im Sport*,
https://doi.org/10.1007/978-3-662-69265-3_4

können. Die folgenden Ausführungen verfolgen daher die Intention, zunächst einmal für Geschlechterdiversität im Schul- und Vereinssport sowie im Sportstudium zu sensibilisieren und erste Handlungsempfehlungen zu geben.

4.1   Allgemeine Empfehlungen

Geschlechterinklusivität schaffen, bevor sie beansprucht wird
Für TIN* Personen in der Adoleszenz ist ein Coming-out in einer cisheteronormativen Gesellschaft immer ein prekärer Vorgang, der mit Angst vor Ablehnung und Diskriminierung, v. a. durch Gleichaltrige, verbunden ist. Ein Coming-out muss deshalb vor allem in dieser Altersphase sensibel aufgefangen werden. Neben Familie und Freund*innen sind es in der Schule v. a. Lehrer*innen, denen sich junge TIN* Personen anvertrauen (vgl. Krell & Oldemeier, 2015). Lehrkräfte spielen daher eine bedeutsame Rolle im Prozess der sozialen Transition[3] von TIN* Kindern und Jugendlichen. Durch ihr Verhalten gegenüber Schüler*innen allgemein können sie bereits präventiv, also vor einem Coming-out signalisieren, dass sie für TIN* Schüler*innen eine Vertrauensperson darstellen.

Wenn das Coming-out einer TIN* Person auf ein Umfeld trifft, das überhaupt erst durch dieses spezifische Coming-out auf Geschlechtervielfalt und die Existenz von TIN* Personen aufmerksam wird, ist es für den Einsatz von Unterstützungsmaßnahmen oftmals schon zu spät. Wenn also z. B. in der Schule weder Lehrkräfte noch Schüler*innen für die Existenz von Geschlechtervielfalt sensibilisiert worden sind, bedeutet dies, dass keine Strategien für die Transition von TIN* Personen vorliegen. Jeder Schritt auf deren Bedürfnisse einzugehen, ist dann reaktiv, d. h. etwaige Schwierigkeiten müssen bewältigt werden, nachdem sie bereits aufgetreten sind. Daraus folgt: Sensibilität und Inklusion von Geschlechterdiversität dürfen also nicht erst zum Thema in der Schule, der Universität oder dem Verein werden, wenn ein*e Betroffene*r dies durch sein*ihr In-Erscheinung-Treten erfordert. Cis-Endo-Heteronormativiät[4] sollte deshalb konstant und kontinuierlich dekonstruiert werden, um so stetig für Geschlechterdiversität zu sensibilisieren.

---

[3] Transition: Prozess, offen so zu leben, wie es der Geschlechteridentität entspricht. Vgl. hierzu auch die Erklärung im Glossar.

[4] Heteronormativität meint die Norm der Heterosexualität, Cis-, Endo- und Zweigeschlechtlichkeit, die damit zusammenhängenden Denk- und Wahrnehmungsmuster sowie strukturelle Privilegierungen (Kleiner, 2016). Wir verwenden hier zur Konkretisierung den Begriff Cis-Endo-Heteronormativität, um auf die Normsetzung bei der Cis- und Endogeschlechtlichkeit sowie Heterosexualität hinzuweisen.

Trotz des Anspruchs auf Inklusion kann die vorherrschende Cis-Endo-Heteronormativität zur Exklusion von TIN* Kindern und Jugendlichen führen, was erhebliche negative Auswirkungen auf das Bedürfnis, die Motivation, die Lernqualität und die Persönlichkeitsentwicklung der jeweiligen Person hat. Deshalb ist es wichtig, auf die Bedürfnisse von TIN* Kindern und Jugendlichen einzugehen und sich um deren Einschluss zu bemühen. Dazu kann in besonderem Maße die Verwendung einer geschlechtersensiblen Sprache[5] beitragen, da diese auf die Existenz von Geschlechterdiversität hinweist und so eine Atmosphäre schafft, die das Coming-out für TIN* Personen erleichtert.

Das Personal an Schulen, Universitäten und Vereinen sollte grundsätzlich unter der Annahme agieren, dass es TIN* Personen in ihren Gruppen gibt. Diese Jugendlichen müssen sich nicht unbedingt geoutet haben, da viele TIN* Personen aus Angst vor Konsequenzen sich erst nach der Schulzeit outen (Krell & Oldemeier, 2017). Vor diesem Hintergrund ist es wichtig, dass (Sport-)Lehrkräfte, Dozierende und Übungsleiter*innen sich als Fürsprecher*innen eines geschlechterinklusiven Settings verstehen und sich in diesem Sinne einsetzen.

Im Umgang mit TIN* Personen ist es grundlegend, die von ihnen gewählten Namen und Pronomen zu respektieren und zu verwenden. Wird in gewohnte Pronomen und Namen zurückverfallen, sollte man sich dafür entschuldigen. Unterstützend für TIN* Schüler*innen ist es auch, wenn Mitschüler*innen und Lehrkräfte andere korrigieren, falls diese die abgelegten Namen und Pronomen weiterhin benutzen. Dies entlastet TIN* Personen davon, andere immer wieder selbst zu korrigieren und Respekt einzufordern.

Wie reagieren, wenn eine TIN Person mich ins Vertrauen zieht?*
Alle TIN* Personen sind verschieden und haben unterschiedliche Bedürfnisse. Es ist deshalb unmöglich, ein Skript für eine solch spezifische Kommunikationssituation zu erstellen. Folgende Handlungsanregungen scheinen geeignet, mehr Sicherheit im Umgang mit TIN* Personen zu bieten:

Übersicht

- Lassen Sie Raum für was immer die TIN* Person Ihnen mitzuteilen hat.
- Ergründen Sie, was sie braucht, ohne das Gespräch zu dominieren:
  - „Wie kann ich dich am besten unterstützen?"

---

[5] Konkrete Hinweise zur Verwendung geschlechtersensibler Sprache finden sich in Abschn. 5.2.

- – „Hast du bereits mit anderen über deine Geschlechtsidentität gesprochen?"
- – „Wie möchtest du dich in Zukunft (in der Schule) präsentieren?"
- – „Welchen Namen und welche Pronomen möchtest du (in der Schule) benutzen?"
- Ziehen Sie Eltern oder andere Personen nur ins Vertrauen, wenn dies erwünscht ist.
- Respektieren und benutzen Sie die selbstgewählten Namen und Pronomen sofort.
- Manche TIN* Personen bevorzugen entweder keine Pronomen oder Neo-Pronomina, also Pronomen, die selbst kreiert oder in der Community, nicht aber in der Mehrheitsgesellschaft, bekannt sind. In diesem Fall sollten auch Sie diese benutzen, ohne dies zu hinterfragen oder zu kritisieren. Fehler werden dabei passieren; schließlich sind dies neue Worte, die noch in die deutsche Sprache und Grammatik integriert werden müssen. Dies benötigt Gewöhnung, die mit der Zeit und vermehrter Anwendungspraxis kommt.[6]
  - – Bsp. Neopronomina:
    xier: Xier (Er_Sie) hat xiem (ihm_ihr) xieser (seine_ihre) Tasche gegeben.
    dey: Dey (Er_Sie) hat dem (ihm_ihr) deren (seine_ihre) Tasche gegeben.
  - – Bsp. keine Pronomen: Luca (Er_Sie) hat Alex (ihm_ihr) Lucas (seine_ihre) Tasche gegeben.
  - – Im Englischen ist die Benutzung von they/them Pronomen sehr geläufig. Manche Personen verwenden diese auch im Deutschen. Bsp.: They (Er_Sie) hat them (ihm_ihr) their (seine_ihre) Tasche gegeben.

---

[6] Möhwald (2024) hebt hervor, dass die Verwendung neuer Pronomen und Namen einen Lernprozess darstellt und trans* Personen entsprechend nicht erwarten, dass diese sofort und immer richtig genutzt werden. Vielmehr geht es um die Bemühung der Lehrkräfte, die jeweiligen Schüler*innen in ihrer Geschlechtsidentität anzuerkennen und dies zu zeigen (vgl. S. 156).

4.2 Empfehlungen für den Sport(-Unterricht)

Die folgenden Empfehlungen beziehen sich deshalb v. a. auf den Sportunterricht, weil die Teilnahme daran für alle Kinder und Jugendlichen verpflichtend ist und somit eine besondere Relevanz besteht, einen geschlechterinklusiven Sportunterricht zu ermöglichen. Nichtsdestotrotz können viele der Empfehlungen auch in anderen Kontexten, wie etwa der Hochschullehre oder des Vereinssports Anwendung finden.[7]

Im Sportunterricht, der viel stärker körperbezogen ist als der Unterricht in anderen Fächern kommt es häufig dazu, dass geschlechterbezogene, teils stereotypisierende Wendungen geäußert werden, die entweder nur auf Jungen oder auf Mädchen bezogen sind. Dies führt zu einer ständigen Reaktualisierung der cis-endo-heteronormativen Ordnung, was für alle Schüler*innen entwicklungseinschränkend, für TIN* Personen aber in besonderem Maße psychisch belastend wirken kann.[8] Als Lehrkraft gilt es zu reflektieren, ob im eigenen Unterricht geschlechtsbezogene Aussagen verwendet werden. Neben der Entwicklung einer hohen Sensibilität in Bezug auf die eigene Kommunikation sollte die Lehrkraft auch geschlechterstereotypisierende Aussagen der Lerngruppe aufgreifen und korrigieren sowie ggf. mit der Lerngruppe besprechen.

Für manche Unterrichtsinhalte, wie z. B. das Ringen und Kämpfen, dürfte in den meisten Fällen eine geschlechtshomogene Paar- bzw. Gruppenbildung angebracht sein. Das kann zu Ausschlüssen von TIN* Personen führen. Deshalb gilt es zunächst zu prüfen, ob wirklich Geschlecht und nicht etwa geteilte Erfahrungen im Hinblick auf den Körper oder eine vertraute Beziehung zu bestimmten Mitschüler*innen Kriterien der Zuordnung sein können. Stellt sich Geschlecht als relevanter Faktor heraus, sollte inter* und nicht-binären und ggf. auch binären trans* Schüler*innen die Möglichkeit gegeben werden, sich selbst einer Gruppe zuzuordnen (vgl. hierzu Kap. 6).

Manche TIN* Personen leiden unter Dysphorie, d. h. einer mentalen Belastung, die aufgrund einer Diskrepanz zwischen der eigenen Geschlechtsidentität und des von anderen wahrgenommenen Geschlechts bzw. des eigenen Körperbildes hervorgerufen wird. Diese Belastung wird im Sportunterricht u. U. weiter verstärkt, weil hier der Körper im Fokus steht. Dem kann zunächst begegnet

---

[7] Vgl. hierzu auch Dehler und Fedorchenko (2024), die in ihrem Beitrag Handlungsspielräume von Lehrkräften im Umgang mit TIN* Schüler*innen aufzeigen.

[8] Die Problematik von geschlechtergetrennten Gruppeneinteilungen zeigt auch Möhwald (2024) auf und plädiert dafür, selbstverständliche Routinen im Sportunterricht aufzubrechen und Einteilungen von Gruppen nach individuellen Interessen und unabhängig von der Kategorie Geschlecht vorzunehmen (vgl. S. 156).

werden, indem Aussagen über den Körper auf ein Minimum reduziert werden. Verzichtet werden sollte v. a. auf Aussagen, die Geschlecht und Körper in einen unmittelbaren Zusammenhang setzen (z. B. „Mädchen sollten einen Sport-BH tragen."; „Männer sind muskulöser als Frauen."). Wird ein*e TIN* Schüler*in aufgrund von Dysphorie durch ein ärztliches Attest vom Sportunterricht befreit, dann sollte dies nicht infrage gestellt werden.

Toiletten und Umkleiden sind an den meisten Schulen nach einem binären Geschlechterprinzip organisiert. Dies stellt für viele TIN* Schüler*innen ein Problem dar, denn nicht-binäre und inter* Personen müssen sich dann für eines von zwei Geschlechtern entscheiden, wenn sie ihren grundlegenden körperlichen Bedürfnissen nachgehen wollen bzw. wenn sie sich für den Sportunterricht umziehen müssen. Für trans* Personen kann die Präsentation des Körpers vor den Mitschüler*innen in der Umkleidekabine zudem mit Scham und der Angst verbunden sein, dass ihr Geschlecht aufgrund der körperlichen Erscheinung falsch gelesen wird. Ferner bietet die Umkleidekabine als unbeaufsichtigter Ort Gelegenheit für Beleidigungen und sexuelle Übergriffe (Möhwald, 2024, S. 155). Deshalb sollte nicht-binären, trans* und inter* Schüler*innen ermöglicht werden, jene Umkleiden und Toiletten zu benutzen, die sie präferieren. Sollten die baulichen Gegebenheiten dies nicht hergeben, könnte mehr Privatsphäre durch einen Sichtschutz oder ein zeitlich versetztes Umziehen ermöglicht werden (vgl. ebd.).

Für TIN* Personen können Sanitärräume auch zu einem gefährlichen Ort werden, wenn sie sich nach ihrem Coming-out sowohl in den Räumen, die ihrer Geschlechtsidentität entsprechen, als auch in denen, die sie vorher benutzten, Anfeindungen oder sogar Handgreiflichkeiten ausgesetzt sehen. Sollte es zu aggressiven Handlungen kommen, muss dies von der Lehrkraft angesprochen und umgehend unterbunden werden.

Strukturell kann diesem Problem durch All-Gender-Toiletten und Umkleideräume sowie die Bereitstellung von Einzelumkleiden entgegengewirkt werden. Eine einfache Lösung für Toiletten stellt eine veränderte Bezeichnung nach Funktion dar: statt einer Zuweisung nach Geschlecht wird beschrieben, welche Toilettenarten in dem Raum zur Verfügung stehen (z. B. Sitztoiletten, Stehtoiletten). Für TIN* Personen können diese einen Safe Space darstellen.

Derartige Ressourcen bereitzustellen, liegt nicht in der Macht der Sportlehrer*innen, sondern ist Aufgabe der Schulleitung, die sich dafür an den Schulträger wenden muss. Es gibt keine rechtliche Regelung zur Benutzung von Toiletten und Umkleidekabinen. Hier gilt das Hausrecht der Schule. Wie weit Schulen also auf die Bedürfnisse und den Schutz von TIN* Personen eingehen, ist diesen überlassen. Marginalisierte Gruppen sind jedoch auf Fürsprecher*innen in Einflusspositionen angewiesen. Es liegt somit auch an den Sportlehrkräften, auf solche strukturellen Veränderungen an der Schule hinzuwirken. So sollten bei Neubauten All-Gender-Toiletten und Umkleidekabinen direkt mitbedacht und in bestehenden Sportstätten Toiletten/Umkleiden dahingehend umfunktioniert werden.

Literatur

Dehler, S. B., & Fedorchenko, A. (2024). Teilhabe von trans*, inter* und nicht-binären Schüler*innen am Sportunterricht ermöglichen. Handlungsspielräume im Umgang mit zweigeschlechtlichen Zuweisungspraxen. *Sportunterricht, 73*(4), 160–165.

Frohn, J., & Heckemeyer, K. (2024). Geschlechtervielfalt im Sportunterricht. *Sportunterricht, 73*(4), 150–153.

Gay and Lesbian Alliance against Defamation. (2017). *Accelerating Acceptance 2017: A Harris Poll survey of Americans' acceptance of LGBTQ people.* https://www.glaad.org/files/aa/2017_GLAAD_Accelerating_Acceptance.pdf.

Hoenes, J., Sauer, A., & Fütty, T. J. (2019). *Dritte Option beim Geschlechtseintrag für alle?* https://www.google.com/url?sa=t&rct=j&q=&esrc=s&source=web&cd=&cad=rja&uact=8&ved=2ahUKEwjPgKn4_tGAAxVYRvEDHWimBV0QFnoECBcQAQ&url=https%3A%2F%2Fwww.bundesverband-trans.de%2Fwp-content%2Fuploads%2F2021%2F09%2FdritteOption_V5.pdf&usg=AOvVaw0KaraC9T4DvyvGQ4pY_cNJ&opi=89978449.

Kleiner, B. (2016, Juli). Heteronormativität. *Gender Glossar.* https://www.gender-glossar.de/post/heteronormativitaet.

Krell, C. (2019). „Schule ist nochmal eine ganz andere Sache". In K. Ketelhut & D. Lau (Hrsg.), *Gender – Wissen – Vermittlung: Geschlechterwissen im Kontext von Bildungsinstitutionen und sozialen Bewegungen* (S. 169–192). Springer Fachmedien Wiesbaden. https://doi.org/10.1007/978-3-658-27700-0_10.

Krell, C., & Oldemeier, K. (2015). *Coming-out – und dann…?! Ein DJI-Forschungsprojekt zur Lebenssituation von lesbischen, schwulen, bisexuellen und trans* Jugendlichen und jungen Erwachsenen.* Abgerufen von https://www.dji.de/fileadmin/user_upload/bibs2015/DJI_Broschuere_ComingOut.pdf.

Krell, C., & Oldemeier, K. (2017). *Coming-out – und dann…?! Coming-out-Verläufe und Diskriminierungserfahrungen von lesbischen, schwulen, bisexuellen, trans* und queeren Jugendlichen und jungen Erwachsenen in Deutschland.* Budrich, Barbara.

Möhwald, A. (2024). Aus den sportunterrichtlichen Erfahrungen von trans* Schüler*innen lernen. Anregung für trans* inklusiven Sportunterricht. *Sportunterricht, 73*(4), 154–158.

Konzeptionelle Aspekte geschlechterbewussten Handelns in Schule, Universität und Verein

5

5.1 Geschlechterbewusste Didaktik

Um geschlechtersensibel lehren, unterrichten und anleiten zu können, sollten bei der Konzeptionierung, Planung und Durchführung des unterrichtlichen Handelns zunächst einige allgemeine Aspekte reflektiert werden. Anhand der im Folgenden zusammengestellten Impulsfragen[1] können die geplanten Lehr-Lernsettings reflektiert und entsprechend adaptiert werden. Die folgenden Anregungen fokussieren die Kategorie *Geschlecht,* können aber auch auf andere und damit intersektional zusammenhängende Differenzkategorien übertragen werden.

In Bezug auf die *Inhaltsauswahl* stellt sich zunächst die Frage, ob und inwiefern die Kategorie Geschlecht oder Geschlechterverhältnisse thematisiert werden und z. B. Gegenstand von Diskussionen sind.

Bezogen auf Sport sind etwa folgende Fragen denkbar:

- Welche geschlechtsbezogenen Vorstellungen kommen im Sport generell und in verschiedenen Sportarten und Bewegungsfeldern zum Tragen?
- Welche Konsequenzen können geschlechtsbezogene Zuschreibungen im Sport haben?
- Wie sind geschlechtsspezifisch konnotierte Sportarten entstanden?
- Inwiefern hat Geschlecht Einfluss auf Sportartpräferenzen?
- Welche Bewegungsvorlieben lassen sich beobachten? Beruhen diese Vorlieben auf traditionell männlich oder weiblich konnotierten Vorlieben?[2]

---

[1] Die Übersicht ist angelehnt an die Checkliste zur gender- und diversitätsbewussten Didaktik von Ebenfeld (2017).

[2] Vgl. hierzu Palzkill und Scheffel (2017).

N. Fast et al., *Geschlechtersensibles Lehren im Sport,*
https://doi.org/10.1007/978-3-662-69265-3_5

- Ist der ausgewählte Inhalt geschlechtertypisch konnotiert?[3]
- Inwiefern sind geschlechtsspezifische Zuschreibungen in Sportarten wie Fußball oder Handball bei den Adressat*innen erkennbar?

Ein geschlechterbewusstes Handeln setzt darüber hinaus eine *Selbstreflexion* in Bezug auf das eigene geschlechtersensible Verhalten voraus, denn es beeinflusst in hohem Maße die Inhalts- und Methodenwahl.

Es bieten sich folgende Fragen zur Reflexion an:

- Welche Bedeutung messe ich Geschlecht im Sport bei?
- Welche Annahmen habe ich bezogen auf Geschlecht im Sport?
- Wann war/ist Geschlecht in meiner sportbezogenen Biografie relevant? Welche Auswirkungen hatte das? Welche Einstellungen habe ich dadurch – vielleicht auch nur unbewusst – erworben, die ich heute selber weitergebe?
- Wie adressiere ich die Personen, mit denen ich zusammenarbeite? Wie adressiere ich das Team im Kollektiv (z. B. in Sportspielen „Manndeckung" oder verwende ich alternative Bezeichnungen)?
- Inwiefern nehme ich – implizit oder explizit – geschlechtsbezogene Zuschreibungen vor?
- Welche Verfahren verwende ich zur Team- und Tandembildung?
- Wann und in welcher Weise nehme ich Sanktionen bei (beabsichtigter) geschlechtlicher Diskriminierung oder sexualisierter Gewalt in meinen Lehr- und Übungssettings vor?

Dieses Nachdenken hat zum Ziel, dass eigene geschlechterbezogene Erwartungen erkannt und ggf. im Sinne eines geschlechtersensiblen Umgangs verändert werden können.

In Bezug auf die *Adressat*innen* (Schüler*innen, Studierende bzw. Kinder und Jugendliche in Vereinssportgruppen) ist zunächst die Heterogenität der Gruppe zu bedenken, v. a. hinsichtlich Geschlecht, sozialer Herkunft, Ethnizität und Alter.

Als Impulse zur Reflexion dienen folgende Fragen:

- Welche Vorstellungen von Geschlecht im Sport sind bei meinen Adressat*innen vorhanden und inwiefern bedingen diese das Unterrichtsgeschehen?
- Sind Rede- und Spielanteile chancengerecht verteilt? Wer bringt Ideen ein? Wessen Ideen werden aufgegriffen? Gibt es hier eine Dominanz nach Geschlecht?

---

[3] Vgl. hierzu Palzkill und Scheffel (2017).

- Inwiefern reflektieren die Adressat*innen ihre Rolle in Bezug auf Alter, Ethnizität, Geschlecht?
- Verwenden die Adressat*innen geschlechtersensible Sprache?

Was die in den Lehr-Lern-Settings verwendeten *Methoden* betrifft, so ist zu reflektieren, ob und inwiefern sie für einen geschlechtergerechten Unterricht geeignet sind. Dazu sind folgende Fragen hilfreich:

- Werden partizipative Methoden genutzt, wie z. B. Interessensabfragen, offene Bewegungsaufgaben, arbeitsteilige oder arbeitsgleiche Gruppenarbeit, Gruppendiskussionen, individuelle Wahlmöglichkeiten bei der Entscheidung für einen bestimmten Inhalt sowie bei der Leistungserbringung?
- Regen die Methoden zur Reflexion an?
- Inwiefern wird Raum zum selbstorganisierten Lernen und Üben gegeben?
- Wie vielfältig interpretierbar ist z. B. das ausgewählte Material hinsichtlich Geschlecht, Ethnizität, sozialer Herkunft und Alter?

Die Beantwortung solcher Fragen ermöglicht der Lehrperson bzw. Übungsleitung auch einen Einblick in den Stand ihrer Bemühungen um eine geschlechtersensible Vermittlung. So kann erkannt werden, in welchen Bereichen das geschlechterbewusste und geschlechtergerechte Handeln verbessert werden sollte, d. h. welche Veränderungen noch angestoßen werden könnten.

Eine spezifischere Auseinandersetzung kann in Bezug auf die Verwendung von Sprache, Bildern und Literatur erfolgen.

5.2 Geschlechtergerechte Sprache

Warum gendern?

„Die deutschen Medaillengewinner von Rio" – Das zu dieser Schlagzeile gehörende Bild zeigt eine Gruppe von Sportlern und Sportlerinnen – und somit eine Information, die aus der Überschrift nicht unmittelbar abzuleiten ist. Der Titel ist zwar grammatikalisch korrekt, beschreibt jedoch nicht die Realität. Obwohl das hier verwendete generische Maskulinum *Gewinner* (vermutlich) nicht nur männliche Personen meint, werden damit in erster Linie männliche Personen assoziiert. Dies liegt daran, dass im Sprachgebrauch und in Folge dessen im Bewusstsein die Unterscheidung zwischen grammatikalischem und sozialem Geschlecht von den wenigsten gemacht wird. Wird also – wie in diesem Beispiel – bei der Bezeichnung von gemischtgeschlechtlichen Gruppen ausschließlich die männliche Form verwendet, bleiben Frauen und Personen, die sich als divers verorten, unsichtbar. Die negativen Effekte solcher verkürzten Sprechweisen sind schon seit Langem durch Forschungen belegt, denn Sprache konstruiert Realität. Zum Beispiel zeigt eine Studie von Vervecken und Hannover (2015), wie die Verwendung des generischen Maskulinums die Wahrnehmung von Berufen bei Kindern beeinflusst. Die Studie konnte nachweisen, dass Kinder, die bestimmte Berufe nur im Zusammenhang mit dem generischen Maskulinum zu hören bekamen (z. B. Arzt, Lehrer), diese Berufe als wichtiger, anspruchsvoller und prestigeträchtiger einordneten als jene Kinder, die die entsprechenden Paarformen (Arzt und Ärztin, Lehrer und Lehrerin) hörten.

Allerdings ist in diesem Zusammenhang zu bedenken, dass unser Sprachgebrauch historisch gewachsen ist und daher nicht von jetzt auf gleich verändert werden kann. Insofern kann er die Realität bisweilen nur unzureichend abbilden. Der Gebrauch einer geschlechtersensiblen Sprache in Lehr-Lernsituationen, wie auch in allen anderen gesellschaftlichen Bereichen, ist jedoch ein wirksamer Ansatz, um die Unzulänglichkeiten historisch gewachsener Sprache zu kompensieren und Diskriminierungen zu vermeiden.

Wie gendern? – Gendersternchen, Gender-Doppelpunkt und glottaler Stopp
Zur Sichtbarmachung der Geschlechtervielfalt kann in der Schriftsprache das Gendersternchen (Sportlehrer*in) oder der Gender-Doppelpunkt (Sportlehrer:in) verwendet werden, um als Platzhalter auch nicht-binäre, diversgeschlechtliche Personen sichtbar zu machen und einzubeziehen. In der gesprochenen Sprache erfolgt dann eine kurze Sprechpause, der sogenannte glottale Stopp. Um Wiederholungen sowie übermäßig lange Texte zu vermeiden und damit zu gewährleisten, dass ein Text leser*innenfreundlich ist, bietet sich die Verwendung des Gendersternchens/des Gender-Doppelpunkts in Verbindung mit anderen Strategien an (siehe Tab. 5.1).

Beispielsätze für die Verwendung des Gendersternchens

- An der Abteilung forschen und lehren derzeit sechs Professor*innen und 18 wissenschaftliche Mitarbeiter*innen.
- Ob präventiv, rehabilitativ oder leistungsorientiert – für jede*n wird das Passende angeboten.
- Ein*e Mitarbeiter*in ist für das Protokoll verantwortlich.
- Jede*r Student*in ist für seinen*ihren Studienerfolg verantwortlich.

Tab. 5.1 Möglichkeiten geschlechtersensibler Formulierungen

Nicht geschlechtersensibel formuliert	Geschlechtersensibel formuliert	Weitere Strategien
Sportlehrer Dozenten Mitarbeiter Sportstudenten Sportler Trainer Schüler Athleten	Sportlehrer*innen/ Sportlehrer:innen Dozent*innen/ Dozent:innen Mitarbeiter*innen/ Mitarbeiter:innen Sportstudent*innen/ Sportstudent:innen Sportler*innen/ Sportler:innen Trainer*innen/ Trainer:innen	*Geschlechtsneutral[4]:* Sportlehrkräfte Dozierende Mitarbeitende Sportstudierende
Herausgeber Vertreter	Herausgeber*innen/ Herausgeber:innen Vertreter*innen/ Vertreter:innen	*Partizipformen:* Herausgegeben von Vertreten durch
Nutzer Teilnehmer	Nutzer*innen/ Nutzer:innen Teilnehmer*innen/ Teilnehmer:innen	*Relativsätze:* Alle, die Zoom nutzen Personen, die am Seminar teilnehmen
Schulleiter Koordinator	Schulleiter*innen/ Schulleiter:innen Koordinator*innen/ Koordinator:innen	Schulleitung Koordination
jeder einer ein Mitarbeiter	jede*r, jede*n/jede:r, jede:n eine*r/eine:r ein*e Mitarbeiter*in/ein:e Mitarbeiter:in	Alle
er sein der	er*sie/er:sie sein*ihr/sein:ihr der*die/der:die	
Nutzerkennwort Leserfreundlich Lehrerberuf	Nutzer*innenkennwort/ Nutzer:innenkennwort Leser*innenfreundlich/ leser:innenfreundlich Lehrer*innenberuf/ Lehrer:innenberuf	lesefreundlich

[4] Hierbei sollte bewusst sein, dass geschlechtsneutrale Formulierungen die Geschlechtervielfalt unsichtbar machen.

- Der*die Professor*in bietet den Student*innen Betreuung an.
- Der Text ist leser*innenfreundlich.

Geschlechtersensible Sprache folgt nicht den offiziellen Rechtschreibregeln! Während die Verwendung des Gendersternchens/Gender-Doppelpunkts im Plural leicht umzusetzen ist, ergeben sich bei der Deklination im Singular einige Fragen mit Blick auf die grammatikalische Richtigkeit. Es kann dann zwischen den folgenden Schreibweisen gewählt werden:

- bei jedem*r Student*in; bei jedem*jeder Studenten*Studentin
- bei einem*r Sportler*in; bei einem*einer Sportler*Sportlerin
- bei deinem*r Dozent*in; bei deinem*deiner Dozenten*Dozentin
- bei deinem*r Schüler*in; bei deinem*deiner Schüler*Schülerin◄

Wie Personen ansprechen? – Die Verwendung von Pronomen
TIN* Personen verwenden häufig Pronomen, die sie weder als weiblich noch als männlich markieren. Da dies in der deutschen Sprache nicht möglich ist, greifen manche auf die im Englischen geläufige Benutzung von they/them zurück und verwenden diese auch im Deutschen:

„they" statt „er/sie" (Personalpronomen im Nominativ)

„them" statt „ihm, ihn/ihr, sie" (Personalpronomen im Dativ; Akkusativ)

„their" statt „sein/ihre" (Possessivpronomen)

- Beispiel: They (Er_Sie) hat them (ihm_ihr) their (seine_ihre) Tasche gegeben.

Andere wiederum ziehen Neopronomina vor, d. h. neu kreierte Pronomen, die nicht im Bestand bereits bestehender Sprachen vorkommen:

„Dey" statt „er/sie" (Personalpronomen im Nominativ)

„dem" statt „ihm, ihn/ihr, sie" (Personalpronomen im Dativ; Akkusativ)

„deren" statt „sein/ihr" (Possessivpronomen)

- Beispiel: Dey (Er_Sie) hat dem (ihm_ihr) deren (seine_ihre) Tasche gegeben.

„Xier" statt „er/sie" (Personalpronomen im Nominativ)

„xiem" statt „ihm, ihn/ihr, sie" (Personalpronomen im Dativ; Akkusativ)

„xieser" statt „sein/ihre" (Possessivpronomen)

• Beispiel: Xier (Er_Sie) hat xiem (ihm_ihr) xieser (seine_ihre) Tasche gegeben.

Es gibt aber auch Personen, die nicht mit Pronomen angesprochen werden möchten und daher ihren eigenen Namen benutzen:

• Beispiel: Luca (Er_Sie) hat Alex (ihm_ihr) Lucas (seine_ihre) Tasche gegeben.

Auch wenn sich in Aushandlungen zwischen Gleichstellungsakteur*innen, feministischen und queeren Aktivist*innen und Sprachwissenschaftler*innen über die letzten Jahrzehnte Konventionen und Vorschläge für Formen des Genderns etabliert haben, gibt es nicht *den* richtigen Weg oder *die* richtige Form. Dies mag Unsicherheit schaffen, gleichzeitig jedoch auch zum Experimentieren und Nachdenken ermutigen.

5.3 Einsatz von bildlichen Darstellungen

Bilder sind Teil nonverbaler Kommunikation. Ebenso wie jede andere Aussage stehen sie nicht in einem interpretationsfreien Raum, sondern im Kontext und im Diskurs mit anderen Aussagen und dem jeweiligen Wissenshorizont der Person, mit der sie kommunizieren.

Da Bilder unmittelbar wirken, bleibt es nicht nur bei einem ersten Eindruck, sondern sie prägen nachhaltig die Vorstellung von Sportler*innen (vgl. Rulofs & Hartmann-Tews, 2017, S. 67). Wird z. B. konstant ein bestimmter Typ von Sportler*innen dargestellt, werden Stereotype und Ungleichheiten (re)produziert, sodass die eigentliche Vielfalt der Sporttreibenden verschleiert wird.

Ein diversitätsbewusster Umgang mit Bildern in Lehr-Lernsituationen ist mit Blick auf geschlechtersensibles Handeln im Sport notwendig, da die Mehrzahl der Sportarten in unserer Gesellschaft geschlechtlich konnotiert ist. Darstellungen von fußballspielenden Männern und tanzenden Frauen reproduzieren diese historisch gewachsenen Konnotationen und stabilisieren sie dadurch. Aus dem gleichen Grund können Darstellungen von fußballspielenden Mädchen und Frauen oder tanzenden Jungen und Männern als besonders, mitunter auch als außergewöhnlich, also nicht der (heteronormativen) Geschlechtlichkeit entsprechend, wahrgenommen und im Bewusstsein gespeichert werden. Die geschlechtlichen Konnotationen basieren außerdem auf einer binären Vorstellung von Geschlecht, was zur Folge hat, dass Personen, die sich selbst als nicht binär verorten, unsichtbar verbleiben.

Um Ungleichheiten und der Reproduktion von Geschlechterstereotypen in der bildlichen Darstellung zwischen den Geschlechtern aktiv zu begegnen und sie weder bewusst noch unbewusst zu reproduzieren, sollte die Auswahl von Bildmaterial, z. B. für Arbeitsblätter, PowerPoint-Präsentationen oder als Anregung für Diskussionen reflektiert erfolgen, und zwar immer mit Blick auf die Frage, was das Bild zeigen soll und welche Funktion es hat.

Empirische Befunde zur medialen Präsentation von Sportler*innen (Klein, 1986; Rulofs & Hartmann-Tews, 2017) zeigen, dass Sportler häufiger als Sportlerinnen in der Sportberichterstattung in aktiven Situationen gezeigt werden, z. B. bei der Sportausübung oder in kämpferischer Auseinandersetzung mit anderen Sportlern. Sportlerinnen hingegen werden zum einen eher passiv dargestellt, also posierend und/oder in nicht-sportlich aktiven Situationen. Zum anderen werden Sportlerinnen häufig sexualisiert dargestellt, indem die gezeigten Bilder den Blick der Betrachter*innen auf sexuell konnotierte Körperteile (Gesäß, Beine, Brüste) leiten oder einen Einblick auf intime Körperzonen gewähren (vgl. Klein, 1986; Rulofs & Hartmann-Tews, 2017, S. 67). Ein Bewusstsein dafür, wie Bilder im Sport Stereotype reproduzieren und vor allem wie Frauen sowie nicht-binäre Personen dabei marginalisiert werden, kann zu einer reflektierten und kritischen Haltung gegenüber dieser Problematik führen.

Die Fotos in Abb. 5.1 zeigen verschiedene Akteur*innen in sportlichen Settings. Möchte man Fotos für die Gestaltung von Arbeitsblättern, Plakaten und PowerPoint-Präsentation verwenden, sollten diese hinsichtlich möglicher Vorstellungen und Assoziationen bei den Adressat*innen (v. a. Stereotype und Diskriminierungen) reflektiert werden.

Beispiel

Zur Reflexion und zu einem diversitätsbewussten Umgang mit bildlichen Darstellungen regen folgende Fragen an:
Wer wird abgebildet, wer nicht?

- Welche Körpernormen werden vermittelt?
- Spiegeln die Bilder die im Sport real existierende Diversität wider? (Alter, Geschlecht, Herkunft etc.)

Abb. 5.1   Darstellung von Akteur*innen in sportlichen Settings

Wie werden die abgebildeten Personen dargestellt?

- Sind Sexualisierungen in den Bildern erkennbar?
- Wie ist das Aktivitätsniveau der abgebildeten Personen?

Was tun die abgebildeten Personen? Welche Tätigkeiten werden ihnen zugeschrieben?

- Gehen Mädchen/Frauen und Jungen/Männer Aktivitäten nach, die eher Stereotype reproduzieren oder eher mit Klischees brechen?

Werden Hierarchien zwischen den abgebildeten Personen gezeigt?

- Wer spricht/instruiert in den Bildern? Wer hört zu? Kommunizieren Personen auf Augenhöhe?
- Inwiefern trägt die Perspektive zur Ungleichheit bei?◄

5.4   Verwendung wissenschaftlicher Literatur im Studium der Universität

Auch nach Jahrzehnten des Kampfes um gesetzliche Gleichstellung der Geschlechter und der aktiven Gleichstellungsarbeit zivilgesellschaftlicher Gruppen zeigen sich im Wissenschaftsbetrieb immer noch Anzeichen struktureller und historischer Diskriminierung (vgl. Majcher & Zimmer, 2010). Dies gilt für die Sportwissenschaft genauso wie für jedes andere akademische Fach. Dabei greifen oft eher unbewusste Bias, d. h. Wahrnehmungsverzerrungen in Bezug auf Geschlecht, als absichtsvolle Diskriminierungen (vgl. Moss-Racusin et al., 2012).

Unbewusst, aber wirkmächtig: Wahrnehmungsverzerrungen und ihre Folgen für Forschung und Lehre
Statistiken aus verschiedenen wissenschaftlichen Disziplinen zeigen, dass Wissenschaftlerinnen seltener zitiert oder rezipiert werden als männliche Kollegen (vgl. Franzen, 2018).[5] Die Rezeption wissenschaftlicher Publikationen ist jedoch von zentraler Bedeutung für die Karriereentwicklung von Wissenschaftler*innen. Frauen haben somit strukturelle Schwierigkeiten, mit ihren Publikationen in

---

[5] Zum Gender Citation Gap in der Wissenschaft insgesamt vgl. Chatterjee und Werner (2021).

den fachspezifischen Kanon der Forschungsliteratur aufgenommen zu werden
und wissenschaftliche Reputation zu erlangen. Dieser Umstand führt zu einer
geringeren Aussicht auf Erfolg bei Bewerbungen auf wissenschaftliche Stellen,
insbesondere auf Professuren. Daraus folgt eine weithin sichtbare Ungleich-
verteilung auf höheren akademischen Stellen. Dies wiederum führt dazu, dass
weiblichen Forschenden weniger Expertise zugesprochen wird als ihren männlichen Kollegen, und zwar sowohl von männlichen wie weiblichen Befragten.
Dadurch entsteht vielfach der Eindruck, dass Frauen keine relevanten Erkenntnisse zu ihrem Fachgebiet beigetragen haben. Abgesehen davon, dass auf diese
Weise wertvolle Forschungsleistungen, die von Frauen stammen, nicht genügend Beachtung finden, werden so jene wissenschaftlichen Themen, die auf
Gleichheit oder aber Unterschiede der Geschlechter bezogen sind – etwa in
der medizinischen Forschung, aber auch der Sportwissenschaft – entweder gar
nicht oder zu wenig beforscht. All das hat Auswirkungen auf die Motivation
des weiblichen wissenschaftlichen Nachwuchses: Ihm fehlen Vorbilder und v. a.
Unterstützerinnen in ihrem Bestreben, Geschlechterthemen zu untersuchen.

Bei Lehrenden im Sport kann sich all das selektiv auf die Literaturrecherche
und -auswahl für Lehrveranstaltungen auswirken.

Aktives Vorgehen gegen unbewusste Diskriminierung
Unbewusste Bias müssen bewusst gemacht werden, indem ihre Ursachen und
Entstehungsgeschichte reflexiv und kommunikativ aufgearbeitet werden. Daraus folgt: Lehrende und Forschende sollten eine kritische Haltung bezüglich
ihrer Literaturauswahl einnehmen und prüfen, ob die Liste der verwendeten Forschungsliteratur ausgewogen sowohl weibliche als auch männliche Forschende
umfasst, sofern dies bei dem entsprechenden Fachgebiet der Fall ist. Bei Texten,
die Forschungsberichtscharakter haben, ist kritisch zu prüfen, ob Forscherin-
nen entsprechend ihrem Anteil an der jeweiligen wissenschaftlichen Thematik
berücksichtigt sind. Wenn nicht, dann sollte durch weitere Recherchen nach
Forschungen von Wissenschaftlerinnen gesucht werden. Zu einer derartigen Vorgehensweise, nämlich bewusst nach weiblichen Forschenden zu suchen, sollten
Lehrende auch ihre Studierenden motivieren. Um die Sichtbarkeit von Wissenschaftlerinnen zu verbessern, sollte in Literaturverzeichnissen stets auch der
Vorname[6] der jeweiligen Forscher*innen ausgeschrieben werden.

---

[6] Auch wenn Vornamen kein völlig eindeutiger Indikator für das Geschlecht sind, zeigen sie
dies doch in der Mehrzahl der Fälle korrekt an.

Literatur

Chatterjee, P., & Werner, R. (2021). Gender disparity in citations in high-impact journal articles. *JAMA Netw Open, 4*(7). https://doi.org/10.1001/jamanetworkopen.2021.14509.

Ebenfeld, M. (2017). Checkliste zur gender- und diversitätsbewussten Didaktik. In Freie Universität Berlin. *Toolbox Gender und Diversity in der Lehre*. http://www.genderdiversity lehre.fuberlin.de/toolbox/_content/pdf/methodenblatt_checkliste.pdf.

Franzen, M. (2018). Matthäus schlägt Matilda. Der Gender Citation Gap in der Wissenschaft. *WZB-Mitteilungen, 161*, 31–33.

Klein, M.-L. (1986). *Frauensport in der Tagespresse. Eine Untersuchung zur sprachlichen und bildlichen Präsentation von Frauen in der Sportberichterstattung*. Universitätsverwaltung Dr. N. Brockmeyer.

Majcher, A., & Zimmer, A. (2010). Hochschule und Wissenschaft: Karrierechancen und -hindernisse. In R. Becker & B. Kortendiek (Hrsg.), *Handbuch Frauen- und Geschlechterforschung. Theorie, Methoden, Empirie* (S. 705–712). VS Verlag.

Moos-Racusin, C., Dovido, J., Brescoll, V., Graham, M., & Handelsman, J. (2012). Science faculty's subtle gender biases favor male students. *PNAS, 109*(41), 16474–16479. https://doi.org/10.1073/pnas.1211286109

Palzkill, B., & Scheffel, H. (2017). Geschlechterkompetenz im Sportunterricht. In I. Glockentöger & E. Adelt (Hrsg.), *Gendersensible Bildung und Erziehung in der Schule. Grundlagen – Handlungsfelder – Praxis* (S. 173–186). Waxman.

Rulofs, B., & Hartmann-Tews, I. (2017). Mediale Präsentation von Sportler_innen in der Presse. Ein Überblick zu den Befunden inhaltsanalytischer Studien. In S. Günter & G. Sobiech (Hrsg.), *Sport & Gender – (inter)nationale sportsoziologische Geschlechterforschung: Theoretische Ansätze, Praktiken und Perspektiven* (59) (S. 61–74). Springer VS.

Vervecken, D., & Hannover, B. (2015). Yes I can! Effects of gender fair jobs descriptions on children's perceptions of job status, job difficulty and vocationals self-efficacy. *Social Psychology, 46*(2), 76–92.

Teams bilden – geschlechtersensibel

6

Die Frage nach welchen Kriterien Teams, Tandems oder Kleingruppen gebildet werden sollen, ist nicht pauschal zu beantworten[1], da dies jeweils vom Ziel des Unterrichts abhängig ist. Wird der Fokus bspw. auf die Kooperation innerhalb eines Teams gelegt, werden andere Kriterien für die Gruppenbildung relevant als bei einem Wettkampfspiel, das zur Erhaltung der Spannung annähernd gleichstarker Teams bedarf, wozu dann das Kriterium der Leistung herangezogen wird.

Bei der Einteilung von Teams für Sportspiele wird von den Schüler*innen jedoch immer wieder die Forderung „Mädchen gegen Jungen" vorgebracht und somit explizit der Wunsch nach geschlechterhomogenen Teams geäußert. Hierbei – wie auch bei geschlechterheterogenen Teams – sollten Lehrende allerdings sorgfältig abwägen, ob Geschlecht in der jeweiligen Unterrichtssituation ein sinnvolles Kriterium für die Teameinteilung ist. Je nachdem, ob eine heterogene oder homogene Team- bzw. Gruppenzusammensetzung für den Unterricht zielführend ist, können als Kriterien z. B. sportmotorische Leistungsfähigkeit, Interessen, Kreativität, Sympathie, Soziabilität, Körpergröße und auch Geschlecht herangezogen werden.

Mit Blick auf die Geschlechterdiversität in Schulklassen, studentischen Gruppen sowie im Verein sollte jedoch grundsätzlich bedacht werden, dass geschlechterhomogene Teams für trans*, inter* und nicht-binäre Personen eine Verunsicherung darstellen können, da ihnen eine eindeutige Zuordnung nicht möglich ist oder als zwanghaft empfunden wird. Hieraus können sich Situationen ergeben, in denen Personen Zwangsoutings oder Misgendern ausgesetzt

---

[1] Vgl. zur Gruppenbildung Lang (2015).

N. Fast et al., *Geschlechtersensibles Lehren im Sport*, https://doi.org/10.1007/978-3-662-69265-3_6

werden und somit Stigmatisierungen erfahren können. Auch homosexuelle Personen könnten sich innerhalb geschlechterhomogener Gruppen unwohl fühlen, da sie den von den anderen Teilnehmer*innen eingeforderten Schutzraum einschränken. Denn Geschlecht und das ab einem bestimmten Alter aufkommende sexuelle Begehren sind miteinander verwoben. Diesem Problem kann begegnet werden, indem für die Gruppenbildung zufallsbasierte Verfahren, wie z. B. das Abzählen, das abwechselnde Verteilen bunter Leibchen oder das Sortieren nach Geburtsmonat, herangezogen werden. TIN* Personen müssen sich vor dem Hintergrund der Kategorie Geschlecht dann nicht rechtfertigen.

Nichtsdestotrotz kann die Bildung von Teams oder Tandems nach Geschlecht in manchen Sportarten bzw. Bewegungsfeldern, Aufgaben und Situationen im Sport sinnvoll erscheinen. So z. B. in Situationen, in denen gegenseitiges Berühren notwendig ist, wie etwa beim Turnen, bei der Akrobatik, beim Ringen und Kämpfen oder einigen Übungen in Sportspielsituationen. Insofern könnte Geschlecht als Kategorie hier relevant gemacht werden, wobei dann Personen, die sich nicht in die geschlechterbinäre Ordnung einfügen, die eigene Zuordnung überlassen werden könnte. Darüber hinaus können Lehrkräfte, Lehrende an Hochschulen und Übungsleiter*innen die Kategorie Geschlecht auch gar nicht relevant machen und allen die Möglichkeit bieten, Teams selbst zu bilden. Dabei können auch gemischtgeschlechtliche Teams entstehen, da manche Personen keine Schwierigkeit darin sehen, mit andersgeschlechtlichen Personen eng im Team zusammenzuarbeiten. Da bei körpernahen Aufgabenstellungen der Aspekt der Vertrautheit eine große Rolle spielt, sollten Tandems oder Gruppen immer so gebildet werden, dass sich alle in Bezug auf die Aufgabe wohlfühlen.

Abschließend ist festzuhalten, dass den Adressat*innen auch vermittelt werden sollte, nach welchen Kriterien Teams, Tandems sowie Arbeitsgruppen gebildet werden können und dass eine diesbezügliche Entscheidung mit den Zielen des Unterrichts zusammenhängt. Dabei ist die Bedeutung unterschiedlicher Kriterien, insbesondere Geschlecht, zu reflektieren, denn nur auf diese Weise können auch die Lernenden zu geschlechtersensiblen Akteur*innen im Feld des Sports werden.

Literatur

Lang, H. (2015). Stressfrei Gruppen bilden. *Sportunterricht, 64*(2), 195–196.

Wie umgehen mit geschlechtsbezogenen Äußerungen bzw. Situationen in sportpraktischen Lehrveranstaltungen?

7

In den fachpraktischen Kursen des Sportstudiums werden von Studierenden ab und zu – beabsichtigt oder nicht beabsichtigt – Aussagen getätigt, durch die Geschlecht in besonderem Maße relevant gemacht wird. Oft beinhalten derartige Aussagen eine Abwertung von Frauen sowie Personen, die nicht traditionellen Bildern von Männlichkeit entsprechen, was zur Verletzung ihrer Integrität führen kann. Wird solchen Aussagen nicht widersprochen, dann führt dies dazu, dass derartige Abwertungen schnell als akzeptiert gelten und in der Folge immer wieder in der Lerngruppe vorkommen. Auf diese Weise werden in der Universität – einer Organisation, die sich in besonderem Maße der Geschlechtergerechtigkeit verpflichtet fühlt – bestimmte Personengruppen abwertende Stereotypen reproduziert und fortgeschrieben. In einer sich als geschlechtersensibel verstehenden sportpraktischen Lehrveranstaltung ist eine Reaktion der Lehrperson als Antwort auf solche Aussagen zwingend notwendig.

Im Folgenden werden verschiedene Beispiele von Aussagen, durch die Geschlecht relevant gemacht wird, angeführt und reflektiert. Für jedes Beispiel werden Vorschläge für einen geschlechtersensiblen Umgang gegeben. Ziel ist es, Lehrende in der Sportpraxis zur Selbstreflexion anzuregen, Verunsicherung abzubauen und mögliche Handlungsweisen aufzuzeigen. Dies soll gleichzeitig dazu beitragen, die Geschlechtersensibilität der Studierenden zu fördern, denn geschlechtersensibles Agieren ist in deren späteren Berufsfeldern von zentraler Bedeutung.

Frauenabwertende Kommentare: „Du wirfst wie ein Mädchen."

Dieser Kommentar – bezogen auf den Ballwurf eines Studenten – mag zwar humorvoll gemeint sein, wirkt aber verletzend, und zwar sowohl für den gemeinten Studenten als auch für die weiblichen Studierenden. Bei dieser Aussage handelt es sich um ein Geschlechterstereotyp (Mädchen/ Frauen können nicht werfen), das eine als Witz getarnte geschlechtsbezogene Herabwürdigung als Botschaft enthält. Eine Reaktion darauf ist dringend nötig, aber nicht einfach, denn einem Witz können Betroffene in seinen möglichen Intentionen, Interpretationen und dafür entscheidenden Kontexten häufig rein inhaltlich kaum begegnen – es war ja *nur* ein Witz. Einerseits wertet diese Bemerkung Mädchen und Frauen ab, da sie als generell weniger kompetent dargestellt werden. Andererseits dürfte sich auch der Student, auf den dieser Kommentar zielt, stark abgewertet und unter Druck gesetzt fühlen: Denn er wird vor den männlichen Kommilitonen zum Gespött gemacht. Der Vergleich mit einem *Mädchen* in Bezug auf Kompetenzen im Ballsport, der als Männerdomäne gilt, ist mit einer besonders starken Abwertung verbunden. Eine derartige Bloßstellung kann dazu führen, dass man als Student in einer späteren Situation in ähnliche frauenabwertende Vergleiche verfällt, sofern der*die Lehrende Kommentare dieser Art unwidersprochen lässt.

- Daraus folgt: derartige (humorvoll gemeinte) Kommentare und Witzeleien sollten in der unterrichtlichen Interaktion nicht übergangen, sondern vielmehr aufgegriffen und diskutiert werden. Den Studierenden sollte bewusst gemacht werden, welche Wirkung dies auf die einzelne Person (Bloßstellung, Herabwürdigung) bzw. die angesprochene Genusgruppe haben kann.
- Ein unmittelbares Eingreifen könnte jedoch u. U. moralisierend und aus Sicht der Studierenden übertrieben wirken und die beiden Betroffenen ungewollt in den Fokus rücken. Deshalb ist zu empfehlen, den Kommentar in der Reflexion am Ende der Sitzung aufzugreifen: „Ich habe heute einen Kommentar mitbekommen, den ich so nicht stehen lassen möchte. Wenn zu einer Person gesagt wird: ‚Du wirfst wie ein Mädchen', mag das zwar als Witz gemeint sein, dieser Witz geht aber auf Kosten anderer, nämlich der Mädchen/Frauen." Gegebenenfalls könnte die Lehrkraft noch aufzeigen, welche Folgen solche Kommentare für Frauen und Männer haben können.

Sexistische und gegen sexuelle Minderheiten gerichtete Aussagen: „Wer das Tor nicht trifft, ist schwul."[1]

Bei diesem Beispiel handelt es sich um Beleidigungen von Studierenden gegenüber anderen Studierenden. Da in der Sportpraxis der Körper und die ganze Person im Vordergrund stehen, treffen Abwertungen bzw. Herabwürdigungen verbaler oder nonverbaler Art die Person direkt und umfassend.

- Daher gilt es, deutliche Grenzen zu setzen und derartigen Herabwürdigungen Einhalt zu gebieten. Werden sexistische und/oder queerfeindliche Beleidigungen nicht unterbunden, kann schnell der Eindruck entstehen, dass solche Aussagen in der Lehre an der Universität akzeptiert werden. Homophobe Äußerungen dieser Art sollten von der Lehrperson unmittelbar unterbunden werden („Stopp! Das ist eine Beleidigung und Beleidigungen gehören nicht in diesen Kurs."). Die Lehrperson sollte deutlich darauf hinweisen, dass diskriminierende Äußerungen gegen die Werte der Universität und der Sportwissenschaft verstoßen und Konsequenzen nach sich ziehen können. Klare Verhaltensregeln und Sanktionen für derartiges Verhalten können von Beginn an im Kurs kommuniziert werden.

Einteilung von Teams bei Sportspielen: „Voll unfaire Teams! Wir haben mehr Frauen."[2]

Werden Teams bzw. Gruppen – z. B. aus zeitökonomischen Gründen – nach dem Zufallsprinzip gebildet, kann es zu einer ungleichen Geschlechterverteilung kommen. Dies wird von Studierenden oft als ungerecht empfunden, weil dann das Team mit einem höheren Frauenanteil als schwächer eingeschätzt wird. Dies beruht auf der Annahme, dass Frauen grundsätzlich weniger sportmotorische Kompetenzen im Bereich der Sportspiele besitzen

---

[1] Dieses Beispiel ist von Palzkill (2017) übernommen.

[2] Diese Aussage ist angelehnt an das Beispiel „Das ist unfair, wir haben mehr Mädchen!" (Palzkill & Scheffel, 2017, S. 176 f.). Die vorgestellten Reaktionsmöglichkeiten sind auf die von Palzkill und Scheffel vorgeschlagenen Äußerungen von Lehrkräften zurückzuführen.

als Männer, denen im Alltagsverständnis generell höhere Kompetenzen in Sportspielen zugeschrieben werden.

- Eine naheliegende Reaktion der Kursleitung ist es, eine Studentin gegen einen Studenten auszutauschen, um der Aufforderung nach gerechter Geschlechteraufteilung nachzukommen („Tim tauscht mal mit Claudia!"). Dadurch würde aber von der Kursleitung die Annahme einer vermeintlichen Inkompetenz von Studentinnen und die Überlegenheit von Studenten bestätigt.
- Wird auf eine solche Äußerung hingegen reflexiv eingegangen, z. B. durch eine Nachfrage („Was meinst du damit, dass die Teams unfair sind?" oder „Wie können gerechte Teams eingeteilt werden?"), wird die Situation geöffnet und ein Anlass zur Reflexion geboten. Gemeinsam mit den Studierenden kann dann besprochen werden, dass Leistungsunterschiede verschiedene Ursachen haben und nicht geschlechtsbezogen determiniert sind.
- Denkbar ist auch die folgende Reaktion der*des Lehrenden: „Das gleicht ihr schon aus. Ihr seid doch Fußballer!" Auch eine solche scheinbar neutrale Aussage transportiert Geschlechterstereotype, denn sie vermittelt den Studenten die Botschaft ihrer Überlegenheit gegenüber den Studentinnen. Problematisch daran ist, dass mit dieser Antwort der negativen Einschätzung der Leistung der Frauen, die in der Beschwerde „Voll unfaire Teams! Wir haben mehr Frauen" steckt, nicht widersprochen wird. Gleichzeitig werden durch eine solche Antwort eher spielschwache Studenten unter Druck gesetzt.
- Bei Sportspielen sollte bereits bei der Planung des Unterrichts mitbedacht werden, wie die Bildung der Teams erfolgt. Zu empfehlen ist, die Kriterien und Verfahren, nach denen Teams gebildet werden sollen, vorab gemeinsam (d. h. durch den*die Lehrende*n und die Gruppe der Studierenden) festzulegen, und zwar abhängig vom Ziel des Spiels. Wenn es um ein wettkampforientiertes Spiel geht, bei dem die sportmotorischen Kompetenzen für den Ausgang des Spiels relevant sind, dann sollte als Kriterium eine annähernd gleiche Leistungsstärke der Teams im Fokus stehen, um ein spannendes Spiel zu ermöglichen. Die Bildung der Teams erfolgt dann nach Leistung, und zwar so, dass sich in beiden Teams leistungsstarke und leistungsschwächere Spieler*innen in gleichen Anteilen befinden. Bei einer derartigen Selektion nach Leistung dürften leistungsfremde Differenzkategorien, wie z. B. das Geschlecht, keine Rolle spielen, sondern vorrangig die sportmotorischen Kompetenzen sowie die Vorerfahrungen in der jeweiligen Sportart.

Veränderung von Spielregeln: „Es darf erst aufs Tor geschossen werden, wenn alle Frauen des Teams einmal den Ball hatten."

Derartige Aussagen unterstellen pauschal, dass Frauen in den Sportspielen schlechter spielen als Männer und es daher einer Regel bedarf, durch die sie überhaupt zu Ballkontakten kommen. Durch solche oder ähnliche Regeländerungen, die nur ein Geschlecht betreffen, wird das Denken in Geschlechterdifferenzen im Sport verstärkt und das Stereotyp von der schwachen Frau perpetuiert.

- Regeländerungen dieser Art sind deshalb abzulehnen.
- Statt geschlechtsbezogene Regeländerungen vorzunehmen, könnten Spielfeldzonen eingeführt werden. So kann z. B. im Fußball eine Angriffs- und eine Abwehrzone mit je zwei Spielenden eines Teams eingeführt werden. Die eigene Zone bietet einen Schutzraum, in dem nicht angegriffen werden kann und somit kein Handlungsdruck besteht. Die Spieler*innen können sich somit in Ruhe auf die Technik und Taktik konzentrieren.[3] Dadurch wird mehr Chancengerechtigkeit im Spiel ermöglicht.

Vermeintliche Schutzmaßnahmen: „Schieß mal nicht so hart, es steht eine Frau im Tor!"

Der Hinweis eines Studierenden, als ein männlicher Spieler mit voller Kraft aufs Tor schießt, in dem eine Studentin als Torhüterin steht, ist sicher gut gemeint, er suggeriert allerdings, Frauen seien schutzbedürftige Personen – und Männer nicht! Dadurch werden stereotype geschlechtsbezogene Zuschreibungen reproduziert und bei den Studierenden gefestigt.

- Für eine geschlechtersensible Lehre empfiehlt es sich, eine allgemeine Regelung zu treffen, wie aufs Tor geschossen wird, wenn der Ball im Tor

---

[3] Vgl. hierzu Zonenfußball (Strating 2022, S. 19 f.).

abgewehrt werden soll, unabhängig vom Geschlecht der jeweiligen Beteiligten. Hierbei kann auf die Fairness-Regel hingewiesen werden, nicht auf den*die Torhüter*in zu schießen und im Allgemeinen Rücksicht aufeinander zu nehmen.

Gruppeneinteilung in einem Kurs mit ästhetisch-expressiven Inhalten: „In jede Gruppe geht eine Studentin."

Durch diese Form der Gruppeneinteilung erfolgen geschlechtsbezogene Zuschreibungen, und zwar die geschlechterstereotype Annahme, dass alle Studentinnen über tänzerisch-gestalterische Kompetenzen verfügen, männliche Studierende dagegen nicht. Frauen, die sich weniger kompetent in diesem Inhaltsfeld sehen, fühlen sich durch diese Erwartungshaltung möglicherweise überfordert und setzen sich unter Druck.

Gleichzeitig werden diese Kompetenzen den Studenten abgesprochen. Daraus könnten männliche Studierende schlussfolgern, dass ihnen die Aufgabe nicht zugetraut wird, und in der Folge unmotiviert in die Bearbeitung der Aufgabe gehen.

- Grundsätzlich sollten Gruppeneinteilungen bzw. Aufgabenstellungen nicht an die Kategorie Geschlecht geknüpft werden. Sollte für die Bearbeitung einer Aufgabe Expertise im gestalterischen Bereich notwendig bzw. von Vorteil sein, sodass es sinnvoll erscheint, kreative und in diesem Bereich erfahrene Studierende unterschiedlichen Gruppen zuzuordnen, dann könnten diese Überlegungen expliziert werden. Sodann kann eine freiwillige Zuordnung zu den Gruppen erfolgen.
- Abgesehen davon sollten die Aufgaben aber stets so gestellt werden, dass die Studierenden des Kurses die Aufgabe mithilfe der dort vermittelten Kompetenzen lösen können und anderweitig erworbene Kenntnisse und Fähigkeiten nicht erforderlich sind.
- Für Gestaltungsaufgaben bietet sich grundsätzlich eine heterogen zusammengesetzte Gruppe an, bei der vielfältige, einander ergänzende Kenntnisse, Fähigkeiten und Fertigkeiten eingebracht werden können (wie z. B. Kreativität, Rhythmisierungsfähigkeit, musikalische und choreografische Kenntnisse sowie konditionelle und koordinative Fähigkeiten).

Geschlechtsbezogene Aussage zu sportmotorischen Fähigkeiten: „Mädchen (und Frauen) sind beweglicher als Jungen (und Männer)."

Die Aussage zur konditionell-koordinativen Fähigkeit *Beweglichkeit* verallgemeinert in unzulässiger Weise und ignoriert die Vielfalt der Ausprägungen innerhalb der Geschlechtergruppen. Der Gruppe der Mädchen und Frauen werden körperbezogene Eigenschaften zugeschrieben, die bei der Gruppe der Jungen und Männer angeblich nicht in demselben Maße vorhanden sind. Hier werden Differenzen innerhalb einer Geschlechtergruppe und die großen Überschneidungsbereiche zwischen den Geschlechtern, die körper-, sozialisations- und trainingsbedingt sind, nicht berücksichtigt. Gerade in heterogenen Gruppen, wie dies Schulklassen bzw. Gruppen im Sportstudium sind, ist mit einer großen Variationsbreite der motorischen Fähigkeiten und Fertigkeiten zu rechnen.

• Um den Studierenden diese Heterogenität im Bereich der Beweglichkeit aufzuzeigen und unmittelbar erfahrbar zu machen, bietet sich eine Lehreinheit zum Thema ‚Beweglichkeitsdiagnostik' an. Man könnte z. B. einen Sit-and-Reach-Test[4] anbieten. Die Ergebnisse könnten geschlechtsbezogen ausgewertet und visualisiert werden. In der Regel zeigt sich bei den Studierenden eine große Heterogenität in der Beweglichkeit und die Werte entlang der Geschlechter überschneiden sich. Aspekte, wie Sportsozialisation und sportartspezifische Verkürzungen bestimmter Muskelgruppen verbunden mit nachgewiesenen Effekten regelmäßiger Dehnübungen, könnten an dieser Stelle thematisiert werden, um geschlechterstereotypes Denken zu durchbrechen.

Abwertung der Kompetenzen von Frauen: „An dieser Station macht ihr Liegestütze. Wer das nicht kann, macht Frauenliegestütze."

---

[4] Der Sit-and-Reach-Test ist eine Methode zur Messung der Beweglichkeit der Rücken- und Beinmuskulatur. Dabei sitzt die Testperson im Langsitz und versucht den Oberkörper bei durchgestreckten Knien so weit wie möglich nach vorne zu beugen. Es wird gemessen, wie weit die Person mit den Fingerspitzen unter die Fußsohlen gelangt. Die Beine müssen durchgetreckt bleiben und die Endposition muss mindestens zwei Sekunden gehalten werden. Vgl. https://www.ifss.kit.edu/more/Testothek_Sit_and_Reach.php.

.

Bei der Erläuterung der einzelnen Stationen eines Kraftzirkels werden meist auch Differenzierungsmöglichkeiten gegeben. Als vereinfachte Form zur Liegestütz wurde in diesem Fall der sogenannte ‚Frauenliegestütz' angeboten.

Diese Bezeichnung impliziert einen antizipierten geschlechterbasierten Unterschied in der Oberarmkraft zwischen den Geschlechtern. Es wird suggeriert, dass alle Frauen bei dieser Übung grundsätzlich schlechtere Leistungen erbringen und daher eine weniger anstrengende Alternative zur klassischen Form des Liegestützes benötigen. Gleichzeitig wird durch diese Bezeichnung Leistung, und zwar in diesem Fall körperliche Kraft, mit Männlichkeit assoziiert und – vice versa – Weiblichkeit mit Schwäche.

- Werden die dieser Bezeichnung inhärenten geschlechtsbezogenen Zuschreibungen ignoriert, d. h. erfolgt keine Korrektur dieser Aussage, führt dies zu einer Reproduktion klassischer Geschlechterstereotype und die Studierenden werden in einer traditionellen Sichtweise bestätigt.
- Darüber hinaus könnte diese Anweisung für die Studentinnen demotivierend wirken, nämlich dann, wenn sie diese Anweisung generalisiert auf Frauen bezogen verstehen und von Vornherein die leichtere Übung durchführen. Dadurch meiden sie die herausfordernde Übung, was wiederum zu geringeren Trainingseffekten führt.
- Auch für Studenten kann diese Ansage negative Folgen haben, sofern auch sie diese vereinfachte Übung durchführen: Sie laufen dann Gefahr, als ‚Schwächling' und nicht als ‚richtiger' Mann erachtet zu werden, denn es ist ja eine ‚Frauenübung'. Es ist deshalb zu vermuten, dass kaum ein Student die differenzierte Übung durchführen wird.
- Derartige geschlechtsbezogenen Zuschreibungen sollten in der Lehre aufgegriffen werden, z. B. in der folgenden Weise: „Es ist gut, dass Differenzierungsmöglichkeiten angeboten werden, allerdings möchte ich die Bezeichnung der Übung korrigieren. Es handelt sich um einen Knie-Liegestütz. Die Bezeichnung ‚Frauenliegestütz' bringt zum Ausdruck, dass es sich um eine leichtere Übung handelt, die besonders geeignet für Frauen ist, weil ihnen – entsprechend weit verbreiteter Geschlechterstereotype – der Liegestütz schwerfällt. Durch diese Bezeichnung werden Mädchen und Frauen als

wenig leistungsstark etikettiert. Im Sinne einer geschlechtergerechten Sprache sollte dieser Begriff nicht verwendet werden. Der Fachbegriff lautet Knie-Liegestütz."

Im Rahmen dieser Antwort wird nicht nur auf die sachlich richtige Bezeichnung verwiesen, sondern auch erläutert, warum die ursprünglich gewählte Bezeichnung problematisch ist. So entsteht ein Anlass zur Reflexion bestehender Geschlechterstereotype und damit eine Lerngelegenheit für alle.

Literatur

Karlsruher Institut für Technologie. (16. Mai 2024). *Sit & Reach*. Abgerufen von https://www.ifss.kit.edu/more/Testothek_Sit_and_Reach.php.

Palzkill, B. (2017). Handlungsstrategien gegen sexualisierte Gewalt. Acht Schritte zu einer Kultur der Achtsamkeit im Sportunterricht. *Sportunterricht, 66*(9), 270–274.

Palzkill, B., & Scheffel, H. (2017). Geschlechterkompetenz im Sportunterricht. In I. Glockentöger & E. Adelt (Hrsg.), *Gendersensible Bildung und Erziehung in der Schule. Grundlagen – Handlungsfelder – Praxis* (S. 173–186). Waxman.

Strating, L. (2022). Spielformen zum Fußball… auch für spielschwache Schülerinnen und Schüler. *Sport & Spiel. Fußball spielen, 2*, 17–20.

Wie umgehen mit geschlechtsbezogenen Äußerungen und Situationen im Schulsport?

8

Sportlehrkräfte berichten, dass es im Unterricht immer wieder zu geschlechtsbezogenen Äußerungen seitens der Schüler*innen kommt, die abwertend und oft auch verletzend wirken.[1] Wenn derartige Äußerungen nicht thematisiert werden, trägt dies zur Reproduktion von Geschlechterstereotypen bei. Vor allem führt dies zur Herabsetzung, ja Erniedrigung der jeweils gemeinten Geschlechtsgruppe. Dies hat auch negative Effekte auf das soziale Klima in der Klasse, was sich wiederum auf die Lern- und Bildungsprozesse in der Schule auswirken kann.

Doch auch Lehrkräfte, die für sich beanspruchen, geschlechtergerecht zu unterrichten, sind in ihren Äußerungen selbst nicht immer frei von Generalisierungen (z. B. „die Mädchen sind…" oder „die Jungen haben…"), wodurch – unbewusst – geschlechtsbezogene Hierarchisierungen und Generalisierungen bei den Schüler*innen aktiviert werden.

Im Folgenden werden ausgewählte Beispiele aus dem Sportunterricht, in denen Geschlecht in dieser Weise relevant gemacht wird, reflektiert und Vorschläge für den pädagogischen Umgang mit typischen geschlechtsbezogenen Situationen gemacht. Diese Beispiele sollen helfen, eine Vorstellung davon zu entwickeln, wie Sportlehrkräfte in bestimmten Situationen reagieren könnten, und welche Wirkungen sich daraus ergeben. Das Ziel sollte stets sein, Diskriminierungen zu vermeiden, Selbstreflexion bei sich, aber auch den Schüler*innen anzuregen und Verunsicherungen abzubauen.

---

[1] Vgl. hierzu Kastrup und Kleindienst-Cachay (2021, S. 118 ff.).

N. Fast et al., *Geschlechtersensibles Lehren im Sport*,
https://doi.org/10.1007/978-3-662-69265-3_8

51

Sexistische und queerfeindliche Äußerungen und Beleidigungen: „Wer das Tor nicht trifft, ist schwul."[2] *oder* **„Mit der Transe spiele ich nicht."**

Es handelt sich hierbei um offene homo- bzw. trans*feindliche Aussagen. Der*die Schüler*in, der*die solche Aussagen tätigt, wertet die andere Person aufgrund ihrer (vermeintlichen) Homosexualität oder Transgeschlechtlichkeit ab oder verwendet die Begriffe ‚schwul' bzw. ‚trans*' als Beleidigung für heterosexuelle/cis-geschlechtliche Personen. Unabhängig von der Intention liegt hier eine Herabwürdigung von Mitschüler*innen vor. Da im Sportunterricht der Körper und die ganze Person im Fokus stehen, können Abwertungen dieser Art den*die Adressat*in direkter und stärker treffen als in anderen Unterrichtsfächern.

- Grundsätzlich gilt: Auf abwertende Äußerungen sollte durch die Lehrkraft möglichst unmittelbar eingegangen werden! Wenn eine Lehrkraft jedoch befürchtet, spontan nicht adäquat reagieren zu können, sollte sie die Äußerungen sofort zurückweisen und deutlich artikulieren, dass sie mit dem*der Schüler*in zu einem späteren Zeitpunkt noch einmal sprechen wird (z. B.: „Ich habe das eben gehört und erwarte, dass du im Anschluss an den Unterricht zu einem Gespräch zu mir kommst."). Hiermit verschafft sich die Lehrkraft Zeit zu überlegen, wie eine produktive Reaktion aussehen könnte, auch um den Vorfall in der nächsten Stunde dann in der Klasse nochmals anzusprechen.
- Eine direkte Reaktion der Lehrkraft könnte folgendermaßen aussehen: „Transe ist eine Beleidigung und derartige Beleidigungen dulde ich in meinem Unterricht nicht!" Dabei kann auf die Umgangsregeln, die sich die Schüler*innen gemeinsam mit der Lehrkraft zu Beginn des Schuljahres gegeben haben, verwiesen werden. Anschließend kann sich der*die von der Beleidigung betroffene Schüler*in eine*n Spielpartner*in aussuchen. Reaktion gegenüber dem*der Verursacher*in: „Du kommst bitte nach der Stunde zu mir und wir besprechen deine Aussage."
- Geht die Lehrkraft auf derartige Äußerungen hingegen nicht ein und überhört sie bewusst, dann entsteht der Eindruck, dass die Aussage und deren inhärente Geschlechterbilder von der Lehrkraft toleriert und somit als *normal* erachtet werden. Daher gilt es, sexistische und/oder queerfeindliche Sprüche oder Beleidigungen zu unterbinden.

---

[2] Dieses Beispiel stammt von Palzkill (2017). Die folgende Analyse orientiert sich an den Ausführungen von Palzkill.

- Damit deutlich wird, dass solche Abwertungen keinen Platz im Sportunterricht haben, könnte die Sportlehrkraft sagen: „In meinem Unterricht darf niemand mit derartigen abwertenden Bezeichnungen beleidigt werden!" Nur wenn diese Kommunikationsregel allen klar ist und von allen befolgt wird, ist die Grundlage für ein positives, angstfreies Lernklima geschaffen.
- Bei erneutem Vorkommen sexistischer und queerfeindlicher Äußerungen sollte dies unbedingt stärker sanktioniert werden.[3] Allerdings sollten diese Sanktionen vorher kommuniziert werden, damit sie allen bekannt sind (im Regelkanon verankern). Beim Aussprechen von Sanktionen ist es wichtig, keine Diskussionen zuzulassen. Die Lehrkraft sollte die Sanktionierung vor der gesamten Lerngruppe vornehmen, damit allen Schüler*innen die Folgen des Verstoßes bewusst werden.

Sexualisierte Kommentare gegenüber Mitschüler*innen und Lehrer*innen: „Das Top sieht aber geil aus!" oder „In der Hose hat sie einen richtigen Knackarsch"[4]

Aufgrund der Körperexponiertheit im Sportunterricht kommt es auch immer wieder zu anzüglichen Bemerkungen oder sexualisierten Verhaltensweisen (Starren auf bestimmte Körperteile, Berührungen) durch Schüler*innen, die als übergriffig, bisweilen sogar als sexualisierte Gewalt einzuschätzen sind. Die oben genannten Beispiele stellen eindeutig Grenzüberschreitungen dar, auf die die Lehrkraft unmittelbar reagieren muss.

- Bei einer derartigen Aussage gegenüber der Lehrerin sollte sofort deutlich gemacht werden, dass es sich hierbei um eine eindeutige Grenzüberschreitung handelt, die nicht toleriert wird. Danach sollte der Vorfall jedoch nicht weiter thematisiert werden, denn sonst besteht die Gefahr einer Anschlusskommunikation, in die sich auch andere Schüler*innen einbringen können. Vielmehr sollte der Fokus auf die Lehr-Lern-Ebene gelenkt werden: „Stopp! So redest

---

[3] Welche Sanktion angemessen ist, kann nicht pauschal beantwortet werden. Eine Möglichkeit könnte z. B. die Vergabe der Aufgabe sein, die Bedeutung des Begriffs ‚schwul' zu recherchieren, schriftlich zu erläutern und in der Klasse vorzutragen. Dann wüssten danach alle Schüler*innen um die Bedeutung des Begriffs und könnten selbst beurteilen, dass die Äußerung sachlich falsch war.

[4] Dieses Beispiel haben Palzkill und Scheffel (2007) in ihrem Beitrag „Train the teacher. Geschlechterkompetenz im Sportunterricht" angeführt.

du nicht mit mir. Wir sind hier im Sportunterricht. Mach die Übung jetzt weiter! Nach der Stunde kommst du bitte zu mir!"

- Grenzüberschreitungen gegenüber Mitschüler*innen müssen in ähnlicher Form aufgegriffen und behandelt werden. Dabei ist auf den gegenseitigen Respekt der Schüler*innen untereinander abzuheben und auf die vereinbarten Umgangsregeln zu verweisen.
- Kommt dieses Verhalten bei derselben Person mehrmals vor, ist zu empfehlen, die Äußerungen aufzuschreiben und den Text den Eltern zur Unterschrift vorzulegen: „Deine Bemerkung schreibe ich auf, und du lässt sie von deinen Eltern unterschreiben!" Durch diese Reaktion wird die Grenzüberschreitung klar kommuniziert und mit einer Sanktion belegt, aber im Sportunterricht nicht weiter thematisiert.

Abwertung der Kompetenz von Mädchen im wettkampforientierten Spiel: „Das ist unfair, wir haben mehr Mädchen im Team!"

Bei Ballspielen haben Mädchen und Jungen oftmals sportsozialisationsbedingt unterschiedliche Vorerfahrungen. Manche Jungen schreiben sich aufgrund ihrer Erfahrung in Ballsportarten eine Expertenrolle zu und werten Mädchen qua Geschlecht ab. Häufig denken sie, dass Mädchen nicht weit oder gezielt genug sowie weniger fest werfen bzw. schießen können. Deshalb empfinden manche Schüler*innen es als ungerecht, wenn es eine größere Zahl an Mädchen in ihrem als im gegnerischen Team gibt.

Palzkill und Scheffel (2017, S. 176 f.) beschreiben in Bezug auf dieses Beispiel verschiedene Möglichkeiten, auf solch eine Aussage zu reagieren, die wiederum unterschiedliche Wirkungen hervorrufen können.

- „Das gleicht ihr schon aus. Ihr seid doch Fußballer!" (ebd.)
  Diese Erwiderung bestätigt die Aussagen des Schülers und spiegelt den Jungen generell ihre Überlegenheit gegenüber den Mädchen wider. Problematisch daran ist auch, dass den Jungen in ihrer negativen Einschätzung der Mädchen nicht widersprochen wird. Gleichzeitig werden eher spielschwache Jungen unter Druck gesetzt, besonders gut spielen zu müssen, um eben nicht schwach zu erscheinen.
- „Auch Mädchen können mit dem Ball umgehen!" (ebd.)

Mit dieser Äußerung wird zwar gezeigt, dass Kompetenz nicht zwingend am Geschlecht festzumachen ist. Allerdings wird mit dem Begriff auch die Annahme gestützt, dass es eben doch die Mädchen sind, die weniger kompetent im Umgang mit dem Ball sind. Mädchen, die gut mit dem Ball umgehen können, sind demnach eine Ausnahme.

- „Was willst du damit sagen?" (ebd.)
  Mit dieser Reaktion wird die Situation geöffnet und damit ein Anlass zur Reflexion geboten. Gemeinsam mit der Lerngruppe könnte an dieser Stelle reflektiert werden, dass Leistungsunterschiede zwischen den Geschlechtern auf verschiedene Ursachen zurückzuführen sind, wie etwa die eigene Sportsozialisation, das Training oder die individuellen körperlichen Voraussetzungen.

Dominanzverhalten von Jungen: „Die Jungen geben nie den Ball ab!"[5]

Vor allem in Sportspielen und wettkampforientierten Settings verhalten sich Jungen häufig dominant gegenüber Mädchen. Dieses Verhalten kann damit erklärt werden, dass man als Junge dem Überlegenheitsimperativ entsprechen will, d. h. der (vermeintlichen) Erwartung, als Junge stets stark, durchsetzungsfähig und überlegen sein zu müssen und diese Überlegenheit auch zu zeigen.

- Wird ein Verhalten beobachtet, bei dem Überlegenheit regelrecht herausgestellt wird, dann sollte dies von der Lehrkraft thematisiert und als unangemessen zurückgewiesen werden, um einer Verfestigung von Hierarchien vorzubeugen bzw. entgegenzuwirken (vgl. Palzkill & Scheffel, 2017). In diesem Zusammenhang sollte darauf hingewiesen werden, dass Verhaltensweisen, die z. B. im Sportverein akzeptiert und gefordert werden, im Schulsport unangemessen sind, weil es sich hier um ein völlig anderes Sportsetting handelt. Darüber hinaus ist es wichtig, klare Regeln und Konsequenzen für unangemessenes Verhalten im Sport festzulegen und auch durchzusetzen.
- Positiv verstärkt werden sollte ein Verhalten, das nicht auf der Überlegenheit gegenüber Mädchen, leistungsschwächeren Jungen und trans*, inter* und nicht-binären Personen basiert. So könnte z. B. eine Spielweise hervorgehoben werden, die auf Einbeziehung aller Mitspieler*innen ausgerichtet ist.

---

[5] Geschlechterbezogene Herausforderungen für Sportlehrkräfte skizzieren Palzkill und Scheffel (2007) in ihrem Beitrag anhand dieses Beispiels exemplarisch.

- Reagiert die Lehrkraft auf diese Äußerung mit dem Vorschlag, nach Geschlechtern getrennt zu spielen, bekommen zwar die Mädchen Schutz vor männlicher Dominanz, aber eben nicht jene Jungen, die – wie die Mädchen – nicht in das Spiel einbezogen werden. Ferner stellt dieser Vorschlag für Schüler*innen, die sich keiner Genusgruppe zuordnen können bzw. wollen, eine Konfliktsituation dar.
- Ein möglicher Umgang mit dieser Situation könnte folgendermaßen aussehen: „Dann machen wir eine Besprechung und prüfen, welche Veränderungen helfen könnten, damit sich alle am Spiel beteiligen, d. h. Ballkontakte haben können." Durch ein solches Angebot wird die Situation geöffnet und es können unter Partizipation der Schüler*innen spielspezifische Regeln gesammelt werden, um die Spielanteile gerechter zu verteilen. Bei einem solchen Gespräch besteht auch die Möglichkeit, Geschlecht zu entdramatisieren, indem Situationen beschrieben werden, in denen Dominanzverhalten (unabhängig von Geschlecht, aber abhängig von sportartspezifischen Kompetenzen) auftritt. Dabei kann z. B. auch herausgestellt werden, dass es taktisch unklug ist, eine*n Spieler*in, der*die frei steht bzw. sich freigelaufen hat, nicht anzuspielen, nur weil man annimmt, dass diese*r Spieler*in spielschwach ist. Unter Anleitung der Lehrkraft können gemeinsam Möglichkeiten erarbeitet werden, die zu einer gerechteren Verteilung von Spielanteilen führen (z. B. Regeländerungen, Einrichtung von Zonen im Fuß- oder Handball; Drei gegen Drei im Basketball usw.).

Einführung von Sonderregeln für ein bestimmtes Geschlecht: „Mädchentore zählen doppelt." oder „Die Jungs dürfen nur mit links werfen!"

Häufig werden solche oder ähnliche Regeln eingeführt, um Mädchen (stärker) in das Spielgeschehen einzubeziehen bzw. ihnen durch Regeln, die für die Jungen von Nachteil sind, gleichberechtigte Partizipationschancen einzuräumen.

Solche Regeln implizieren einen geschlechterbasierten und grundlegenden Leistungsunterschied zwischen Jungen und Mädchen, ohne individuelle Stärken und Schwächen zu berücksichtigen. D. h., es wird von einer einheitlich leistungsschwächeren Gruppe der Mädchen ausgegangen. Auf diese Weise wird allen Schülerinnen zugeschrieben, sie seien im Ballsport grundsätzlich schlechter als die Jungen. Leistungsstarke Mädchen werden nicht adressiert. Dagegen werden alle Jungen als leistungsstark im Ballsport erachtet. Dies kann dazu führen, dass Jungen, auf die dies nicht zutrifft, psychisch unter Druck gesetzt werden, da von ihnen erwartet wird, dass sie leistungsstark sein müssen, sie dieser Zuschreibung aber nicht gerecht werden können.

- Regeländerungen, die nur ein Geschlecht betreffen, sollten vermieden werden, um nicht gerade dadurch Geschlechterdifferenzen zu reproduzieren.
- Sinnvoller wäre es nach Modifikationen in der Spielanlage und im Regelwerk zu suchen, die einerseits die leistungsstärkeren Schüler*innen immer wieder aufs Neue herausfordern und andererseits leistungsschwächeren Schüler*innen die Möglichkeit geben, sich Spielanteile zu sichern.
- Denkbar ist z. B. die Einrichtung von Zonen, in denen man nicht angegriffen werden kann oder in denen sich nur ausgewählte Schüler*innen aufhalten dürfen. Es kann selbstständig entschieden werden, wann innerhalb der Zone gespielt wird.[6]

Abwertung der Kompetenz von Mädchen bei einem Fangspiel: „Fang doch einfach ein Mädchen!"

Bei einem Fangspiel gibt ein Schüler dem Fänger – einem offensichtlich leistungsschwächeren Jungen – den Tipp: „Fang doch einfach ein Mädchen!"
Dieser Rat enthält die Annahme, dass Mädchen grundsätzlich langsamer sind und bei einem Fangspiel deshalb auch von einem leistungsschwächeren Jungen gefangen werden können. Diese Äußerung, die ja auch andere Schüler*innen hören, suggeriert, dass Mädchen generell leichter gefangen werden können, damit also grundsätzlich weniger leistungsfähig sind als Jungen. Hier kommt der sogenannte Überlegenheitsimperativ zum Tragen, der den adressierten Jungen umso mehr unter Druck setzt, je weniger schnell er selbst ist. Gelingt es ihm nicht, ein Mädchen zu fangen, ist er

---

[6] Vgl. hierzu Zonenfußball (Strating 2022, S. 19 f.).

in den Augen der Mitschüler*innen ein ‚Loser'. D. h., eine solche Äußerung würdigt nicht nur die Mädchen in der Klasse herab, sondern führt
u. U. auch zur Bloßstellung bestimmter Jungen. Gleichzeitig festigt sich
dadurch die Hierarchie unter den Jungen in der Klasse, die durch das Prinzip der hegemonialen Männlichkeit (stärker, schneller, überlegener zu sein)
gekennzeichnet ist.

- Der Schüler, der den Tipp gegeben hat, sollte auf seine Äußerung angesprochen und auf deren Bedeutung/Wirkung hingewiesen werden. Die Lehrkraft
  sollte mit einer didaktischen Maßnahme reagieren, die den Fänger entlastet,
  indem z. B. von Anfang an ein*e zweite*r Fänger*in eingesetzt wird. Ferner
  kann die Lehrkraft einen Wechsel des Fängers vornehmen.
- Im Vorfeld kann eine Regel eingeführt werden, die besagt, dass man als Fänger*in diese Rolle an eine*n andere*n Schüler*in abgeben kann, wenn man
  dies im Spielverlauf möchte.
- Weiterhin bieten sich Spielvarianten, wie Ketten- oder Schmetterlingsfangen
  an, die den Fänger*innen aufgrund der Schnelligkeit des Spiels kaum eine
  Möglichkeit lassen, bei der Wahl des*der Weglaufenden auf das Geschlecht
  zu achten.

**Geschlechtshomogene Gruppenbildung: „In eine Mädchengruppe gehe ich
nicht!"**

Sollen Schüler*innen selbst Gruppen bilden, kommt es häufig vor, dass
geschlechtshomogene Gruppierungen entstehen. Fallen diese Gruppen dann
unterschiedlich groß aus, bittet die Lehrkraft ein Mädchen oder einen Jungen, in eine andere Gruppe zu wechseln. Wenn jedoch in dieser Gruppe
ausschließlich oder überwiegend Schüler*innen des anderen Geschlechts
sind, kommt es zur Weigerung, meist eines männlichen Schülers, und zwar
auch dann, wenn es von der Aufgabenstellung her gesehen unproblematisch
erscheint, dass Jungen und Mädchen interagieren (die Aufgabe also z. B.
keinen Körperkontakt vorsieht).

- Da diese Aussage das Vorliegen eines Problems seitens des Schülers offenbart, sollte in einem Gespräch zunächst versucht werden, dieses zu ergründen.[7] Es könnte sein, dass sich herausstellt, dass der Junge Schwierigkeiten hat, mit bestimmten Mädchen zusammenzuarbeiten. Es könnte also ein individuelles Problem vorliegen und keines, das sich auf die gesamte Gruppe der Mädchen bezieht. Trotzdem sollte dem Schüler und damit der ganzen Klasse die Wirkung seiner Aussage bewusst gemacht werden.
- Sollte sich auf Nachfrage jedoch herausstellen, dass die Weigerung auf einer hierarchisierenden und abwertenden Vorstellung von Mädchen und Frauen beruht, sollte die Lehrkraft auf die vereinbarten Regeln zum Umgang miteinander verweisen und deutlich machen, dass ein solches Verhalten nicht hinnehmbar ist.

Ablehnung bestimmter Sportarten und Sinnperspektiven: „Das ist kein richtiger Sport!" *oder* „Das ist doch Mädchensport!"

Viele Jungen verbinden Schulsport mit dem aus dem Verein oder den Medien bekannten, wettkampforientierten, geschlechtergetrennten Sport, häufig verbunden mit den traditionellen männlichen Geschlechterstereotypen. Folglich erwarten sie einen Unterricht, in dem der Wettkampfgedanke überwiegt, und können einen anders gestalteten Sportunterricht nur schwer akzeptieren bzw. werten ihn ab.[8] Dies hat häufig zur Folge, dass sie im Unterricht nicht richtig mitmachen, stören oder sich bestimmten Inhalten ganz verweigern. Dies trifft insbesondere auf das Bewegungsfeld *Gestalten, Tanzen, Darstellen – Gymnastik/Tanz, Bewegungskünste*, bisweilen auch auf das *Turnen* und die pädagogischen Perspektiven *Sich körperlich ausdrücken, Bewegungen gestalten* sowie *Wahrnehmungsfähigkeit verbessern, Bewegungserfahrungen erweitern* zu Einer der Gründe für diese Abwehrhaltung ist, dass diese Inhalte im Alltagsverständnis weiblich konnotiert sind. Deshalb werden sie als *Mädchensport* oder *nicht richtiger Sport* abgewertet. Diese Abwertung trifft nicht nur Mädchen, sondern auch alle anderen, die diese Inhalte favorisieren.

---

[7] Vgl. hierzu auch Menze-Sonneck (2015, S. 188).

[8] Vgl. hierzu die diesbezüglichen Aussagen von Sportlehrkräften in Kastrup und Kleindienst-Cachay (2021, S. 118 ff.).

- Eine höhere Akzeptanz für einen erziehenden (mehrperspektivischen) Sportunterricht bei allen Schüler*innen kann erreicht werden, wenn die Sportlehrkraft den Schüler*innen gleich zu Beginn des Schuljahres klar macht, dass sich ihr Sportunterricht an den curricularen Vorgaben orientiert. Anhand eines schriftlich fixierten und für alle Schüler*innen einsehbaren Stoffverteilungsplans kann den Schüler*innen verdeutlicht werden, welche Inhalte über das Schuljahr hinweg thematisiert werden. Eine ausgewogene Berücksichtigung von Inhalten und pädagogischen Perspektiven grenzt den Schulsport vom Vereinssport ab und verdeutlicht gleichzeitig, dass sich der Sportunterricht nicht ausschließlich nach den Neigungen und Interessen der Schüler*innen (und der Sportlehrkraft) richten kann. Um jedoch die Akzeptanz der Schüler*innen für den Unterricht zu erhöhen, empfiehlt es sich, zu Beginn des Schuljahres eine Abfrage unter den Schüler*innen zu machen, welche Sportarten sie in besonderem Maße wünschen.
- Mit Blick auf traditionell typisch ‚weiblich‘ bzw. ‚männlich‘ etikettierte Sportarten ist es für einen geschlechtergerechten Sportunterricht wichtig, dass auch Sportlehrer ganz selbstverständlich Inhalte aus dem Bewegungsfeld „Gestalten, Tanzen, Darstellen – Gymnastik/Tanz, Bewegungskünste" unterrichten und damit deutlich machen, dass es sich um ein Bewegungsfeld handelt, in dem Männer und Jungen aktiv sind.

Vergeschlechtlichung von Unterrichtsinhalten: „Turnen? Schon wieder machen wir etwas für die Mädchen!" oder „Aerobic? Das ist ja mal wieder was für die Mädchen!"

Bestimmte Inhaltsbereiche sind aus Sicht der Schüler*innen mit geschlechtlichen Stereotypen aufgeladen. Ihre Thematisierung im Unterricht erzeugt oft Widerstand bei jener Geschlechtergruppe, die sich mit diesem Inhalt nicht identifiziert. Ballsportarten nehmen (v. a. in der Sekundarstufe I) häufig größeren Raum im Sportunterricht ein, und zwar ohne Widerstand, während z. B. Geräturnen und Tanz als ästhetisch-expressive Inhalte häufig gegen den Widerstand der Jungen durchgesetzt werden müssen.

- Sportlehrkräfte sollten darauf achten, dass im Stoffverteilungsplan keine Dominanz der Sportspiele entsteht, denn dies leistet einer Hierarchisierung der Sportarten Vorschub.
- Vielmehr sollten die verschiedenen Sportarten und Bewegungsfelder sowie pädagogischen Perspektiven ausgewogen repräsentiert sein. Dies kann durch

einen Stoffverteilungsplan, der auch den Schüler*innen bekannt gemacht wird, dokumentiert werden. Auch die Art und Weise der Ankündigung eines scheinbar ‚weiblichen' Inhalts moderiert dessen Akzeptanz bei den Schüler*innen. Nicht zuträglich sind Ankündigungen, die mit dem verpflichtenden Charakter des Lehrplans in Verbindung gebracht werden, wie etwa: „Wir müssen jetzt ein Unterrichtsvorhaben zum Inhalt Aerobic machen, bevor wir dann endlich zum Handball kommen können." Vielmehr ist eine nüchterne, nicht wertende Vorschau auf die Inhalte des gesamten Halbjahres empfehlenswert, wenn man eine Hierarchisierung der Inhalte vermeiden will.

- Im Sportunterricht sollten nach Möglichkeit Vorbilder für alle Geschlechter vorgestellt werden, also z. B. erfolgreiche Fußballspieler*innen, bekannte Tänzer*innen oder Kunstturner*innen, Wasserspringer*innen, Eiskunstläufer*innen.

Besondere Hervorhebung der Leistung von Jungen in einem weiblich konnotierten Bewegungsfeld: „Alle Kinder können nun Seilspringen! Sogar die Jungen können das jetzt!"

Diese stereotypisierende Aussage einer Sportlehrkraft drückt negative Leistungserwartungen in Bezug auf eine Genusgruppe – hier die Jungen – aus. Indem die Lehrkraft die Leistungen der Jungen im Seilspringen hervorhebt, kommuniziert sie – wohl unbewusst –, dass alle Jungen das Seilspringen, vermutlich aufgrund schwächerer Koordinationsleistungen, nicht schaffen und dass Mädchen darin grundsätzlich besser sind. Das „Sogar" in der Aussage bringt in besonderem Maße zum Ausdruck, dass die Lehrkraft der Geschlechtsgruppe Jungen die Bewältigung der Aufgabe nicht zugetraut hat. Außerdem wird ein überhöhtes Lob an die Jungen kommuniziert, während die Leistung der Mädchen offenbar als selbstverständlich erachtet wird.

- Es gilt, derartige geschlechtsbezogene Zuschreibungen und damit verbundene Erwartungen zu vermeiden und Stereotype nicht zu aktivieren.
- Möchte die Sportlehrkraft einen Leistungszuwachs lobend erwähnen, sollte sie ihr Lob entweder gezielt an einen einzelnen Schüler richten oder aber auf den Lernfortschritt vieler Schüler*innen hinweisen.

Einteilung von Teams nach Geschlecht: „Bildet bitte mal zwei Mädchen- und drei Jungenteams!"

Da es im Sportunterricht immer wieder zu Aufgaben kommt, die Körperkontakt erfordern (z. B. Hilfestellung beim Turnen, Bau von Pyramiden in der Akrobatik) ist bisweilen auch die Bildung von geschlechtshomogenen Gruppen erforderlich.

Die Einteilung in Teams oder Tandems nach Geschlecht sollte jedoch mit Bedacht erfolgen, denn grundsätzlich besteht bei der Aufforderung, geschlechtshomogene Teams zu bilden, das Problem, dass sich TIN* Personen einer Genusgruppe zuordnen müssen, was für sie u. U. mit erheblichem Stress verbunden ist (zur geschlechtersensiblen Gruppenbildung siehe Kap. 6).

- Die Aufforderung, geschlechtshomogene Gruppen zu bilden, erfolgt, um die Schüler*innen vor einem möglichen Körperkontakt mit einer Person des anderen Geschlechts zu schützen. Denn derartige Körperkontakte können als sexualisierte Handlungen gedeutet werden. Durch die selbstverständliche Annahme der Heterosexualität als Norm werden homogene Gruppen als passend erachtet. Kritisch kann eine solche Form der Einteilung dann werden, wenn sich homosexuelle Schüler*innen in der Lerngruppe befinden. Homosexuelle Schüler*innen könnten das Gefühl bekommen, den mit den Maßnahmen gedachten Schutz zu unterlaufen und aus Sicht der anderen Schüler*innen eine vermeintliche Gefahr darzustellen.
- Sind für eine bestimmte Aufgabe Teams wichtig, in denen sich die Schüler*innen körperlich nahekommen können, dann kann man die Aufgabe und die damit verbundenen Körperkontakte im Unterrichtsgespräch transparent machen und die Schüler*innen dann explizit dazu auffordern, selbst Gruppen oder Tandems zu bilden, in denen sie sich wohlfühlen, um die gestellte Aufgabe gemeinsam zu bearbeiten. Auf diese Weise wird auch vermieden, dass sich homosexuelle und TIN* Schüler*innen fremdbestimmt einer Genusgruppe zuordnen müssen.

Vermeintliche Demokratie bei Wahlmöglichkeiten in Wunschstunden: „Was wollen wir heute machen?"

In solch offenen, vermeintlich demokratischen Situationen entscheidet häufig nicht die Mehrheit, sondern die Lautstärke. Diejenigen, die ihre Präferenzen am lautesten und mit Nachdruck kundtun – und das sind häufig männlich gelesene Schüler*innen –, bestimmen, was in der Stunde gemacht wird. Lehrkräfte gehen oft den Wünschen der lauten Schüler*innen nach, weil sie dadurch wenig Widerstand und keine Konflikte befürchten müssen.

• Sportlehrkräfte sollten bei derartigen Abfragen Schülerinnen gezielt auf ihre Wünsche ansprechen oder gleich andere Formen der Abfrage wählen. Zum Beispiel können zu Beginn eines Schulhalbjahres Zettel mit gewünschten Inhalten anonym abgegeben werden. Die Lehrkraft ist dann in der Lage, ihren Stoffverteilungsplan auf diese Wünsche abzustimmen.

Literatur

Kastrup, V., & Kleindienst-Cachay, C. (2021). *Sport unterrichten – (k)ein Traumjob?: Sportlehrkräfte berichten aus ihrem Berufsalltag.* Schneider-Verlag Hohengehren.

Menze-Sonneck, A. (2015). (Un)doing Gender im koedukativen Sportunterricht. In K. Bräu & C. Schlickum (Hrsg.), *Soziale Konstruktionen in Schule und Unterricht* (S. 181–193). Budrich.

Palzkill, B., & Scheffel, H. (2007). Train the teacher: Geschlechterkompetenz im Sportunterricht. In M. Wolf-Dietrich & G.-S. Petra (Hrsg.), *Beruf: Sportlehrer/in – Über Persönlichkeit, Kompetenzen und Professionelles Selbst von Sport- und Bewegungslehrern* (S. 163–178). Schneider-Verlag Hohengehren.

Palzkill, B., & Scheffel, H. (2017). Geschlechterkompetenz im Sportunterricht. In I. Glockentöger & E. Adelt (Hrsg.), *Gendersensible Bildung und Erziehung in der Schule. Grundlagen – Handlungsfelder – Praxis* (S. 173–186). Waxman.

Palzkill, B. (2017). Handlungsstrategien gegen sexualisierte Gewalt. Acht Schritte zu einer Kultur der Achtsamkeit im Sportunterricht. *Sportunterricht, 66*(9), 270–274.

Strating, L. (2022). Spielformen zum Fußball… auch für spielschwache Schülerinnen und Schüler. *Sport & Spiel. Fußball spielen, 2,* 17–20.

Menstruation und Nichtteilnahme am Sport(-Unterricht) – Handlungsempfehlungen

9

Vorbemerkung

Das Einsetzen der Menstruation im Alter zwischen neun und 16 Jahren ist für viele Mädchen[1] zunächst einmal mit Unsicherheit in Bezug auf das eigene Handeln sowie mit Furcht vor Schamsituationen verbunden. Meist gehen auch unterschiedliche Beschwerden damit einher, die die Teilnahme am Sport beeinträchtigen. Von Sportlehrkräften hört man oft, dass manche Mädchen die Menstruation als Grund für ihre Nichtteilnahme am Sportunterricht anführen. Verantwortlich für die Nichtteilnahme können körperliche Beschwerden wie Kopf-, Rücken- oder Unterleibsschmerzen, aber auch ein allgemeines Unwohlsein sein. Auch erscheint manchen Mädchen aufgrund von Ängsten und Vorurteilen („Man darf nicht schwimmen.", „Man darf keinen Sport treiben.") eine Teilnahme am Sportunterricht während der Menstruation nicht möglich. Mit derartigen Bedenken sollten Sportlehrkräfte sensibel umgehen, denn einerseits haben sie die Aufgabe, alle gleichermaßen im Bereich Bewegung, Spiel und Sport zu fördern und deshalb zu einer Teilnahme zu bewegen. Andererseits gilt es, das Wohlbefinden der Schülerinnen zu sichern und deren physisches und psychisches Selbstkonzept zu stärken.

---

[1] Den Autorinnen ist bewusst, dass auch trans*, inter* und nicht-binäre Personen menstruieren können, d. h. nicht alle Menschen, die menstruieren, verorten sich auch als Frauen, und nicht alle als Frau gelesene Personen menstruieren. Im Folgenden werden Mädchen, Frauen, Studentinnen und Schülerinnen stellvertretend genannt (vgl. Tschacher et al., 2022).

© Der/die Autor(en), exklusiv lizenziert an Springer-Verlag GmbH, DE, ein Teil von Springer Nature 2024
N. Fast et al., *Geschlechtersensibles Lehren im Sport*,
https://doi.org/10.1007/978-3-662-69265-3_9

Um Sportlehrkräften in dieser Situation eine Orientierung zu geben, werden im Folgenden Handlungsempfehlungen vorgestellt, die aus Ergebnissen einer qualitativen Interviewstudie mit Schülerinnen zum Thema *Menstruation im Sportunterricht* abgeleitet wurden (vgl. Berkemeyer, 2024). Diese Handlungsempfehlungen beziehen sich auf drei Bereiche: fächerübergreifende Aufklärungsarbeit, offenes Gespräch im Klassenverband und Umgang mit mehrfach nicht-teilnehmenden Schülerinnen.

9.1   Fächerübergreifende Aufklärungsarbeit

Die Ergebnisse der Interviewstudie weisen darauf hin, dass ein fächerübergreifender Aufklärungsunterricht, wie er in den Richtlinien zur Sexualerziehung mehrerer Bundesländer[2] vorgesehen ist, grundlegend für die Akzeptanz der Menstruation ist. Es gilt, anatomische und physiologische Vorgänge der Menstruation zu thematisieren, aber auch allgemeine praktische Ratschläge zum Umgang mit der Menstruation zu geben und Fragen zu besprechen. Darüber hinaus sollte Schülerinnen die Möglichkeit eingeräumt werden, sich in einem geschützten Rahmen, d. h. ohne ihre Mitschüler, über ihre Erfahrungen mit der Menstruation auszutauschen. Unter Einbezug verschiedener Unterrichtsfächer sollten auch Aspekte wie z. B. körperliche und seelische Veränderungen in der Pubertät besprochen werden.

Aus Sicht der in der Studie befragten Schülerinnen ist das Geschlecht der Lehrkraft, die einen solchen Aufklärungsunterricht durchführt, unerheblich. Vielmehr komme es auf ein offenes und positives Verhältnis zwischen der Klasse und der jeweiligen Lehrkraft an. Das bedeutet, dass männliche wie weibliche Lehrkräfte gleichermaßen über das Thema Menstruation mit ihren Schüler*innen sprechen können.

Entscheidend sei dabei die Art und Weise, *wie* über Menstruation gesprochen werde. Es sei vor allem wichtig, diese spezifische Erfahrung nicht zu verneinen oder als Schwäche des weiblichen Geschlechts darzustellen. Vielmehr gelte es, die Menstruation als natürlichen Vorgang zu beschreiben, dem nichts Krankhaftes, Ekliges oder Unreines inhärent ist. Darüber hinaus sollten individuelle physische und psychische Auswirkungen der Menstruation thematisiert werden, da sie Teil der Lebensrealität von Mädchen und Frauen sind.

---

[2] Vgl. hierzu exemplarisch die Richtlinien zur Sexualerziehung NRW unter: https://www.schulministerium.nrw/sites/default/files/documents/Richtlinien-fuer-die-Sexualerziehung-in-NRW.pdf.

Würden Beschwerden hingegen heruntergespielt oder nicht angesprochen, dann bestehe die Gefahr, dass die vorherrschenden Vorstellungen von der Menstruation als einem unsichtbaren, unbedeutenden, eher zu vernachlässigenden Geschehen reproduziert und spezifische weibliche Erfahrungen ignoriert würden. Die Studie vertritt die Annahme, dass eine offene, wertschätzende und körperpositive Thematisierung der Menstruation in all ihren Facetten an den Schulen auch zu einer gesellschaftlichen Enttabuisierung und Normalisierung dieses Themas beitragen dürfte. Dies würde das Verständnis für menstruierende Schülerinnen fördern und den Mädchen zu einer positiven Einstellung dem eigenen Körper gegenüber führen (vgl. Berkemeyer, 2024, S. 52 f.).

9.2 Durchführung eines offenen Gesprächs im Sportunterricht

Im Rahmen des Sportunterrichts sollte am Schuljahresbeginn thematisiert werden, wie grundsätzlich mit der Nichtteilnahme am Unterricht umgegangen wird, d. h. bezogen auf alle Schüler*innen. Dabei sollte die Menstruation explizit erwähnt und darauf hingewiesen werden, dass es sich dabei um einen natürlichen Vorgang handelt, der Beschwerden und Unwohlsein mit sich bringen kann, aber nicht muss, und dass einer Teilnahme am Sportunterricht auch während der Menstruation nichts im Wege steht. In diesem Zusammenhang kann die bisweilen positive Wirkung von Sport bei menstruationsbedingten Beschwerden hervorgehoben werden. Gleichzeitig ist es aber auch wichtig darauf zu verweisen, dass Sport während der Menstruation nicht allen Mädchen und Frauen hilft, ihre Beschwerden zu lindern, denn die Erfahrungen mit dem eigenen Körper sind sehr unterschiedlich. So sollte die Lehrkraft zwar zu einer Teilnahme am Sportunterricht motivieren, diese jedoch keinesfalls erzwingen. Zu verweisen ist auch darauf, dass unabhängig von der Menstruation alle Schüler*innen selbst dafür verantwortlich sind, auf die Signale ihres Körpers zu hören und verantwortungsbewusst mit diesem umzugehen.

Die Entscheidung für oder gegen eine Teilnahme am Sportunterricht während der Menstruation sollte also bei den Schülerinnen selbst liegen, wobei die Lehrkraft durchaus Ehrlichkeit und Offenheit einfordern kann. Dazu bedarf es einer Atmosphäre, die von gegenseitigem Respekt gezeichnet ist. So sollten Schülerinnen keine Angst vor Konsequenzen haben, wenn sie aufgrund von akuten Beschwerden nicht teilnehmen. Lehrkräfte sollten ihrerseits die individuelle Situation der Schülerinnen ernst nehmen. Die Lehrkraft sollte außerdem deutlich machen, dass sie Verständnis hat und die Schülerinnen sich jederzeit vertrauens-voll an sie wenden können. Insbesondere in den ersten Monaten nach Einsetzen der ersten Regelblutung kann die Menstruation zu Beunruhigung führen, schmerz-haft sein und in unregelmäßigen Abständen kommen. Zu wissen, dass man mit Fragen und Erfahrungen nicht allein gelassen wird, kann für Schülerinnen befrei-end wirken. Zu einem respektvollen Umgang gehört es auch, dass der konkrete Einzelfall nicht öffentlich im Klassenverband, sondern in einem Einzelgespräch erörtert wird.

Schülerinnen, die die Menstruation womöglich als Vorwand nehmen, um nicht mitmachen zu müssen, sollte klar vor Augen geführt werden, dass sie damit der Glaubwürdigkeit aller Schülerinnen in der Klasse schaden, insbesondere jenen, die tatsächlich aufgrund von Menstruationsbeschwerden nicht teilnehmen kön-nen. Außerdem sollten auch die Nachteile, die aus häufigem Fehlen für die Leistungsbeurteilung erwachsen, angesprochen werden.

Die Durchführung eines sachlichen, offenen Gesprächs zur Thematik Mens-truation zu Schuljahresbeginn hat den Vorteil, dass nicht erst bei einem auftreten-den Konflikt, d. h. in einer u. U. emotional aufgeladenen Situation, miteinander gesprochen werden muss. Wird hingegen über menstruationsbedingte Fehlzei-ten im Klassenverband erst dann gesprochen, wenn ein diesbezügliches Problem besteht, also bereits viele Mädchen nicht aktiv am Sportunterricht teilnehmen, dann stehen diese automatisch im Fokus und fühlen sich möglicherweise ange-griffen. Dies kann für sie sehr unangenehm sein, weil sie dann vor der gesamten Klasse bezichtigt werden, die Menstruation als Vorwand zu benutzen, um nicht am Sportunterricht teilnehmen zu müssen.

Ein Vorgespräch trägt auch zur Enttabuisierung der Thematik bei. Auf diese Weise kann die Lehrkraft deutlich machen, dass es normal ist, dass Schülerin-nen regelmäßig den Vorgang der Menstruation durchlaufen. Kommen in diesem Zusammenhang unangemessene Kommentare vonseiten einzelner Schüler*innen, sollte die Lehrkraft dies nicht ignorieren, sondern in angemessener Form darauf reagieren.

9.3   Maßnahmen bei wiederholter Nichtteilnahme

Wenn einzelne Schülerinnen ihre Nichtteilnahme am Sportunterricht mehrmals im Monat mit Beschwerden bei der Menstruation begründen, dann sollte die Lehrkraft in einem vertraulichen Gespräch versuchen, die hinter dem Verhalten der Schülerinnen stehenden Ursachen herauszufinden. Die betreffende Schülerin sollte allerdings vorher gefragt werden, ob sie über die Gründe ihrer Nichtteilnahme sprechen möchte. Zudem sollte ihr angeboten werden, eine Person ihres Vertrauens (z. B. Freundin, Vertrauenslehrer*in, Sozialarbeiter*in) zum Gespräch hinzuzuziehen.

Was die möglichen Ursachen für die Nichtteilnahme betrifft, so kann es sich um ganz persönliche Gründe – physischer oder psychischer Art – handeln, die die betreffende Schülerin nicht offen kommunizieren möchte. Bei einer von der Lehrkraft vermuteten generell fehlenden Motivation zur Teilnahme am Sportunterricht sollte der eigene Unterricht kritisch in den Blick genommen werden. Es ist zu reflektieren und im Gespräch mit der Schülerin zu erfragen, ob und inwiefern bestimmte Bedürfnisse, Interessen und Wünsche im Sportunterricht nicht genügend Berücksichtigung finden.

In jedem Fall sollten die betreffenden Schülerinnen ernst genommen und nicht vor der Klasse bloßgestellt werden, indem ihnen vorschnell unterstellt wird, eine Ausrede zu nutzen oder gar die Unwahrheit zu sagen. Dies führt u. U. zu Beschämung und erschwert konstruktive Lösungen. Einzelfälle sollten immer diskret, d. h. unter vier Augen besprochen werden. Bei derartigen Gesprächen ist Sensibilität erforderlich, insbesondere dann, wenn das Vertrauensverhältnis zwischen Lehrkraft und der jeweiligen Schülerin noch nicht gefestigt ist, was z. B. nach einem Wechsel der Lehrkraft, der Klasse oder Schulform der Fall sein kann. Zu vermeiden ist, dass die Schülerin sich im Verlauf des Gesprächs gedrängt fühlt, persönliche Informationen preiszugeben. Das Verhalten der Lehrkraft kann dann u. U. als übergriffig wahrgenommen werden.

Stellt sich im Gespräch heraus, dass Menstruationsbeschwerden tatsächlich der Grund für die häufige Nichtteilnahme sind, so sollten diese von der Lehrkraft nicht heruntergespielt oder geleugnet werden. So kann der Schülerin empfohlen werden, ärztlichen Rat einzuholen. Sofern eine Erkrankung (z. B. PMS[3], PCOS[4], Endometriose[5]) vorliegt, sollte über die Vorgehensweise zur Befreiung/

---

[3] Das prämenstruelle Syndrom (PMS) bezeichnet physische und psychische Symptome, wie etwa Reizbarkeit, Müdigkeit, Brustspannen, Unterleibs- und Kopfschmerzen, die vor der Periode auftreten und in ihrer Intensität stark variieren können (Weise & Kaiser 2022, S. 10 ff.).

[4] Das polyzystische Ovarsyndrom (PCOS) beschreibt eine häufige hormonelle Störung, die neben anderen Beschwerden unregelmäßige Menstruationszyklen verursacht (Escobar-Morreale, 2022).

[5] Endometriose ist eine häufige gynäkologische Erkrankung, bei der Gewebe außerhalb der Gebärmutter wächst und starke Menstruationsschmerzen sowie Müdigkeit und Verdauungsprobleme auslöst (Ebert, 2014, S. 19 ff.).

Teilbefreiung – wie bei jeder anderen chronischen Erkrankung auch – in Abstimmung mit anderen Beteiligten (Eltern, Klassenleitung) gesprochen werden, sodass entsprechende Schritte eingeleitet werden können. In diesem Fall sollte die Schülerin darin bestärkt werden, eigenverantwortlich eine Entscheidung für oder gegen eine Teilnahme zu treffen.

Sollte sich in einer Lerngruppe die Menstruation als Hindernis für eine Teilnahme am Sportunterricht erweisen, kann ein Informationsblatt zu positiven Effekten des Sporttreibens während der Menstruation sowie zur Verwendung von Menstruationsprodukten ausgeteilt werden Sportlehrkräfte sollten zwar für diesbezügliche Fragen zur Verfügung stehen, sich aber mit Empfehlungen zurückhalten. Denn es ist besondere Sensibilität geboten, nicht zuletzt weil die Menstruation individuell höchst unterschiedlich erlebt wird (vgl. Höfinger-Hampel, 2010).

9.4   Das Thema *Menstruation* in den fachpraktischen Kursen im Sportstudium

In den fachpraktischen Kursen im Sportstudium besteht eine Anwesenheitspflicht, sodass Fehlzeiten in der Regel von den Lehrenden dokumentiert werden. Studentinnen können u. U. menstruationsbedingt fehlen oder aber nicht aktiv am Kurs teilnehmen. Dies dürfte v. a. die Schwimmkurse betreffen. Zu Beginn eines Kurses sollten Lehrende daher transparent machen, wie viele Fehlzeiten möglich sind und was von Studierenden, die nicht aktiv teilnehmen, erwartet wird. So können diese in das Kursgeschehen einbezogen werden, indem ihnen z. B. eine Beobachtungsaufgabe oder das Verfassen eines Protokolls aufgetragen wird. Wichtig ist, diese Information an alle Studierenden gleichermaßen zu kommunizieren. Zusätzlich kann darauf hingewiesen werden, dass Stützkurse und freie Übungszeiten (z. B. im Schwimmbad) genutzt werden können und sollen, um die verpasste praktische Erfahrung nachzuholen und bestimmte Fertigkeiten zu üben, die bei der Erbringung von Prüfungsleistungen vorausgesetzt werden.

Insgesamt sollten Lehrende Studentinnen bei Fehlzeiten oder der Nichtteilnahme aufgrund von Menstruationsbeschwerden sensibel und verständnisvoll begegnen. Sollten Befreiungen in einem größeren zeitlichen Umfang notwendig sein, ist ein ärztliches Attest einzufordern. Darüber hinaus kann die Thematisierung menstruationsbedingter Fehlzeiten bzw. inaktiver Teilnahme in den sportpraktischen Kursen als Anlass genutzt werden, um angehende Sportlehrkräfte auf kritische Situationen im Umgang mit dem Thema Menstruation im späteren Berufsalltag vorzubereiten. Dass dies nötig ist, zeigt sich daran, dass v. a.

männliche Sportlehrkräfte bisweilen sehr unsicher sind im Umgang mit Schülerinnen, die angeben, am Sportunterricht aufgrund von Menstruationsbeschwerden nicht teilnehmen zu können. Vorbehalten und Irritationen kann so bereits in der Ausbildung begegnet werden, indem sich die Studierenden mit dem*der Lehrenden sowie mit Kommiliton*innen über Handlungsmöglichkeiten austauschen und so allmählich eine souveräne Haltung diesbezüglich entwickeln.

Literatur

Berkemeyer, F. (2024). *Menstruation im Sportunterricht – Entwicklung von Handlungsempfehlungen für Lehrkräfte auf Grundlage einer qualitativen Erhebung zur Unterrichtspraxis aus der Perspektive von Schülerinnen.* Unver. Abschlussarbeit.

Ebert, A. (2014). *Endometriose: Ein Wegweiser für die Praxis.* De Gruyterhttps://doi.org/10.1515/9783110367218.

Escobar-Morreale, H. (2022). Defining PCOS: A syndrome with an intrinsic heterogeneous nature. In E. Diamanti-Kandarakis (Hrsg.), *Polycystic ovary syndrome. Challenging issues in the modern era of individualized medicine* (S. 3–13). Elsevier. https://doi.org/10.1016/B978-0-12-823045-9.00012-2.

Höfinger-Hampel, E. (2010). *Mädchenthemen im Sportunterricht: Menstruation und Brustwachstum.* Barbara Budrich.

Ministerium für Schule, Wissenschaft und Forschung des Landes Nordrhein-Westfalen. (2011). *Richtlinien für die Sexualerziehung in Nordrhein-Westfalen.* https://www.schulministerium.nrw/sites/default/files/documents/Richtlinien-fuer-die-Sexualerziehung-in-NRW.pdf.

Tschacher, A., Ulferts, C., Hofmann, K., Ferry, A., Schröder, A., & Balasko, S. (2022). *Menstruation im Fokus. Erfahrungen von Frauen und Mädchen in Deutschland und weltweit.* https://www.plan.de/fileadmin/website/04._Aktuelles/Kampagnen_und_Aktionen/Menstruationsumfrage/Plan-Umfrage_Menstruation-A4-2022_final.pdf.

Weise, C., & Kaiser, G. (2022). *Ratgeber Prämenstruelles Syndrom. Informationen für Betroffene und Angehörige.* Hogrefe.

Bewegungsfelder und Sportbereiche – Hinweise zu geschlechtsbezogenen Aspekten

10

Ein geschlechtersensibles Handeln von Lehrpersonen und Übungsleitenden im Kontext des Lehramtsstudiums der Sportwissenschaften, des Sportunterrichts sowie des Vereinssports erfordert spezifisches Wissen um geschlechtsbezogene Erwartungen und Effekte, die sich in den jeweiligen Sportbereichen und Bewegungsfeldern abzeichnen. Es gilt, diese zu erkennen und pädagogisch adäquat damit umzugehen. Hierzu zählt die Reflexion geschlechtsbezogener Vorannahmen und Routinen, aber auch spezifisches didaktisch-methodisches Wissen, wie etwa zu Formen der geschlechtersensiblen Einteilung von Teams und Gruppen, zu den Möglichkeiten der Anpassung von Material und Geräten, den Modifikationen von Regeln und diskriminierungsfreien Formen der Leistungsbewertung. Ein solches Wissen ermöglicht es, geschlechterrelevante Situationen zu antizipieren und diesen pädagogisch angemessen zu begegnen.

In diesem Kapitel werden die in den Lehrplänen der Bundesländer für den Sportunterricht vorgegebenen Bewegungsfelder[1] vor dem Hintergrund eines geschlechtersensiblen Handelns reflektiert und praxisnahe Empfehlungen formuliert. Dabei adressieren diese Empfehlungen sowohl Lehrende in den fachpraktischen Kursen des sportwissenschaftlichen Lehramtsstudiums und Studierende als künftig in unterschiedlichen Sportsettings tätige Personen als auch bereits praktizierende Sportlehrkräfte sowie Übungsleiter*innen.

---

[1] Obgleich die Inhalte übereinstimmen, variieren in den jeweiligen Lehrplänen der Bundesländer sowie den jeweiligen Schulformen die Bezeichnungen für die im Sportunterricht zu behandelnden Gegenstände. Neben dem Begriff *Bewegungsfelder* werden auch *Inhaltsbereiche* oder *Lerngebiete* verwendet (vgl. Deutscher Sportbund, 2006).

N. Fast et al., *Geschlechtersensibles Lehren im Sport*, https://doi.org/10.1007/978-3-662-69265-3_10

Diese Empfehlungen sind nicht im Sinne von ‚Rezepten' zu verstehen. Vielmehr sollen sie als Anregung zur Reflexion des eigenen Handelns in geschlechtsbezogenen Situationen dienen, und zwar stets vor dem Hintergrund der Besonderheiten der jeweiligen Lerngruppe. Im Folgenden kommt es in den Kapiteln 10.1 bis 10.10 bei der Beschreibung der verschiedenen Bewegungsfelder bei manchen didaktisch-methodischen Vorschlägen zu Wiederholungen. Dies ist unvermeidlich, weil sich bestimmte, geschlechtsbezogene Unterrichtssituationen in vielen Bewegungsfeldern in ähnlicher Form zeigen. Da wir davon ausgehen, dass nicht alle Leser*innen das gesamte Buch fortlaufend lesen, sondern kapitelweise, haben wir uns entschieden, in jedem Kapitel die für das jeweilige Bewegungsfeld wichtigen didaktisch-methodischen Hinweise zu geben, auch wenn dies zu Wiederholungen führt.

10.1   Psychomotorik

▶   Tipp

- Schüler*innen in ihrer individuellen Entwicklung fördern
- Kooperation vor Konkurrenz
- Körperkontakt sensibel begegnen

Psychomotorik versteht sich als ein pädagogischer Ansatz zur ganzheitlichen Entwicklungsförderung durch Wahrnehmung und Bewegung. Ziel ist es, „die Eigentätigkeit des Kindes zu fördern, es zum selbstständigen Handeln anzuregen, [und] durch Erfahrungen in der Gruppe zu einer Erweiterung seiner Handlungskompetenz und Kommunikationsfähigkeit beizutragen" (Zimmer, 2006, S. 23).

Inhalte psychomotorischer Förderung sind Wahrnehmungs- und Bewegungsspiele sowie -übungen, die vielfältige Körper-, Material- und Sozialerfahrungen ermöglichen. Bevorzugt werden erlebnisreiche Bewegungsangebote, wie z. B. Bewegungslandschaften und kooperative Bewegungsspiele in Gruppen (vgl. Zimmer, 2006, 23 f.). Dadurch soll Kindern die Möglichkeit gegeben werden, ihr individuelles Potenzial ganzheitlich und vollumfänglich zu entwickeln. Die Einsatzbereiche der Psychomotorik sind vielfältig. Neben der speziellen Förderung von Kindern und Jugendlichen mit Auffälligkeiten in der motorischen, sozialen und emotionalen Entwicklung (vgl. Kiphard, 1989), gilt die Psychomotorik inzwischen auch als Teil einer Bewegungserziehung für alle, und zwar bereits ab dem

Kindergartenalter (Zimmer, 2006). Im Zuge der Inklusion werden psychomotorische Inhalte zunehmend als bereichernde Ergänzung des Sportunterrichts in der Grundschule erachtet.

Da die Psychomotorik für die meisten der künftigen Sportlehrkräfte ein neues Feld sein dürfte, ist die Auseinandersetzung mit den vielfältigen Einsatzmöglichkeiten psychomotorischer Inhalte im Sportunterricht im Sportstudium dringend geboten, und zwar im Rahmen der fachpraktischen Ausbildung.

In diesen fachpraktischen Kursen geht es darum, in Auseinandersetzung mit verschiedenen Konzeptionen psychomotorischer Förderung erlebnis- und wahrnehmungsorientierte Bewegungsangebote zu entwickeln, zu erproben und im Hinblick auf Einsatzmöglichkeiten bei verschiedenen Adressat*innengruppen zu reflektieren. Dazu bedarf es bei den Studierenden einer besonderen Offenheit gegenüber neuen Bewegungsformen und -stilen, die von den gewohnten Praktiken – vielfach geprägt durch den vereinsorganisierten außerschulischen Sport – der Sportstudierenden abweichen.

Was den Umgang zwischen den Geschlechtern betrifft, so eignet sich die Psychomotorik in besonderem Maße dazu, ein Verständnis für neuartige Bewegungs-, Spiel- und Sportangebote jenseits von Geschlechterstereotypen zu entwickeln. Ein maßgeblicher Grund dafür ist, dass bei psychomotorischen Spiel- und Übungsformen – im Unterschied zu den traditionellen Sportarten – geschlechtsbezogene Erwartungen keine oder nur eine geringe Rolle spielen. D. h., der sportartspezifischen Sozialisation der Studierenden, die häufig durch Stereotype gekennzeichnet ist, kommt im Rahmen der Psychomotorik kaum Bedeutung zu.

Für einen geschlechtergerechten Sportunterricht sind deshalb psychomotorische Spiel- und Übungsformen als Inhalte besonders geeignet. Sie ermöglichen der Lehrkraft, ein vielfältiges und für alle zugängliches Bewegungsangebot zu entwickeln, bei dem es weder aufgrund geringerer motorischer Leistungsfähigkeit noch aufgrund von Geschlechterstereotypen ein ‚Falsch‘ oder ‚Richtig‘ gibt. Ein Grund dafür ist, dass in den psychomotorischen Spielen das Prinzip des sportmotorischen Wettbewerbs keine bedeutende Rolle einnimmt. Dies vermindert den Druck auf leistungsschwächere Schüler*innen, insbesondere auch für Jungen, die beim sportlichen Vergleich, v. a. in den Sportspielen, oft glauben, sich in besonderem Maße kompetitiv beweisen zu müssen. Der Grund für ein solches Verhalten liegt meist darin, dass ihnen vom Umfeld oftmals ein hegemonial männliches Verhaltensmuster zugeschrieben wird bzw. dass sie dies annehmen, wonach stets Dominanz (auch auf Kosten anderer) zu beweisen ist. Derartige stereotypen Erwartungen setzen nicht nur Jungen unter Druck, die nicht dem traditionellen Geschlechterbild entsprechen bzw. entsprechen wollen, sondern können auch andere Schüler*innen einschüchtern und letztendlich dazu führen, dass Sport-

und Bewegungsaktivitäten mit negativen Erfahrungen assoziiert und schließlich gänzlich vermieden werden.

- Die im Rahmen der Psychomotorik einzusetzenden Spiele dienen v. a. der Wahrnehmungsschulung und der Förderung des sozialen Miteinanders in der Klasse bzw. Gruppe. Im Fokus stehen deshalb Kooperationsspiele. Wettbewerbsspiele sollten von der Lehrkraft nur nach Abwägung der Vorteile und Risiken für die jeweiligen Lerngruppen – und verbunden mit Regelmodifikationen – angeboten werden.

- Der fachpraktische Kurs ‚Psychomotorik' im Rahmen der Lehramtsausbildung bietet im besonderen Maße die Möglichkeit, Regelmodifikationen bei Spielen zu entwickeln, zu erproben und zu diskutieren. Auf diese Weise werden angehende Lehrkräfte für die verschiedenen Anforderungsniveaus und Bedürfnisse beim Spielen in einer heterogenen Lerngruppe sensibilisiert und dazu befähigt, im späteren Sportunterricht adäquate Differenzierungsmöglichkeiten zu entwickeln.

- Darüber hinaus sollte im Kurs vermittelt werden, dass man als Lehrkraft die eigenen Vorannahmen zu einem vermeintlich geschlechteradäquaten Verhalten von Jungen bzw. Mädchen immer wieder reflektieren sollte, um nicht durch das eigene Handeln Geschlechterstereotype zu reproduzieren. Die Studierenden müssen sich der Bedeutung dieser Selbstreflexionsprozesse bewusst werden, um später in ihrem Unterricht ein Angebot machen zu können, das Schüler*innen, unabhängig von ihrem Geschlecht, die Entfaltung individueller Potenziale ermöglicht (vgl. Kuhr & Keßel, 2016, S. 134).

Was den Körperkontakt bei psychomotorischen Übungen und Spielen betrifft, so ist zu bedenken, dass sowohl im Schulsport als auch in anderen Settings überwiegend in gemischtgeschlechtlichen Gruppen agiert wird. Bestimmte Übungen und Spiele aus dem Bereich der Psychomotorik brauchen jedoch Körpernähe oder erfordern Berührungen, damit die intendierten Erfahrungen gemacht werden können. Allerdings können derartige Körperkontakte u. U. von manchen Schüler*innen als zu intim und damit als unangenehm empfunden werden, weil Körperkontakte, insbesondere bei älteren Kindern oder bei Jugendlichen, als sexualisiert erachtet werden. Dies gilt auch für Kontakte zwischen gleichgeschlechtlichen Partner*innen.

- Bei psychomotorischen Spielen und Übungen, die Körperkontakt erfordern, sollte das Verhalten der Schüler*innen von der Lehrkraft aufmerksam beobachtet und ggf. eine andere Aufgabe gewählt werden. Grundsätzlich sollte bei derartigen Übungen oder Spielen die Bildung der Paare oder Kleingruppen nach Sympathie erfolgen.

Zwar haben Sportstudierende in der Regel weniger Hemmungen vor Körperkontakt, dennoch wird es immer auch Studierende geben, die die geforderten Berührungen als zu intim empfinden. Deshalb gilt es, das Thema Körperkontakt im Kurs offen anzusprechen, insbesondere mit Blick auf das künftige Berufsfeld. Denn die Bereitschaft zum Körperkontakt in gemischtgeschlechtlichen Gruppen im Sportunterricht darf keinesfalls als selbstverständlich vorausgesetzt werden. So ist bei manchen Schüler*innen mit einer Abwehrhaltung zu rechnen. Dies gilt in besonderem Maße für Lerngruppen, in denen sich Schüler*innen befinden, für die jedwede Form von Körperkontakt aufgrund religiös-kultureller Praktiken problematisch ist. Dies betrifft z. B. auch das in Deutschland übliche Begrüßungsritual des Händeschüttelns. Dessen sollten sich künftige Lehrkräfte bewusst sein. Die Thematisierung eines sensiblen Umgangs mit Körperkontakt im Kurs *Psychomotorik* kann auch zur Entwicklung von Handlungsalternativen für den Sportunterricht allgemein genutzt werden. So kann bei Übungen, wie z. B. dem Magnetenlauf[2], eine Modifikation darin bestehen, dass lediglich Arm- und Beinflächen eingesetzt werden. Statt eines Bierdeckels, der üblicherweise bei diesem Spiel zum Einsatz kommt, könnte bspw. auch ein Luftballon oder Basketball verwendet werden. Dies hat den Vorteil, dass kein direkter Körperkontakt besteht, die Erfahrung, sich aufeinander abzustimmen, aber trotzdem gemacht wird.

Die Auseinandersetzung mit der für viele Spiele und Übungen erforderlichen Körpernähe ist auch für Personen geboten, die außerhalb der Schule psychomotorische Fördereinheiten leiten, da die Förderung in geschlechterheterogenen Kleingruppen durchgeführt wird. Ein reflektierter und sensibler Umgang mit Körperkontakt ist v. a. auch deshalb wichtig, weil die Gruppen im Vergleich zur Lerngruppe in der Schule einer höheren Fluktuation unterliegen und die Kinder untereinander erst Vertrauen aufbauen müssen.

---

[2] Beim Magnetenlauf klemmen zwei Personen einen Magneten, d. h. einen Gegenstand, wie z. B. einen Bierdeckel, zwischen sich und bewegen sich durch den Raum, ohne dass das Material herunterfällt. Die Kontaktpunkte, z. B. Rücken, linke Schulter, werden dabei immer wieder gewechselt. Dies kann über eine Hindernisbahn oder auch als Staffelspiel durchgeführt werden (vgl. Kunze-Langenfeld 2012, S. 66 f.).

10.2   Bewegungsspiele

▶   Tipp

- Spiele so anpassen, dass eine gleichberechtigte Teilhabe möglich ist
- Keine geschlechtsbezogenen Regelanpassungen

Geschlechtsbezogene Erwartungen und Effekte
Bewegungsspiele, wie Lauf-, Fang-, Staffel- und Abschlagsspiele gehen mit einem hohen Grad an Offensivität und Kompetitivität einher und stellen besondere Anforderungen an Kraft, Ausdauer, Schnelligkeit und Koordination, aber auch Durchsetzungsfähigkeit. Bei Ballspielen im Schulsport wird Jungen meist eine höhere allgemeine Leistungsfähigkeit sowie mehr Kompetenz in der Ballbehandlung zugeschrieben als Mädchen. Derartige stereotype Annahmen finden sich durchaus auch noch bei Lehrenden und Studierenden in den fachpraktischen Kursen des sportwissenschaftlichen Studiums.

Aufgrund von Vorerfahrungen in bestimmten Sportspielen zeigen sich cis-männliche Schüler/Studenten in den Bewegungsspielen oftmals proaktiver als cis-weibliche Schülerinnen/Studentinnen. Deshalb ist es nicht verwunderlich, dass männliche Schüler/Studenten, die Erfahrungen aus den Ballsportarten mitbringen, häufig das Spiel dominieren, während andere Spieler*innen sich eher zurückhaltend zeigen. Bei Abwurfspielen ist z. B. zu beobachten, dass männliche Spieler die Bälle oft mit vollem Krafteinsatz werfen, was Mitspieler*innen einschüchtern und im Spielverhalten hemmen kann. Dies zeigt sich z. B. an Klagen von abgeworfenen Schüler*innen, die etwa bei Spielen wie Völkerball und entsprechenden Varianten durch Abwürfe hart und schmerzhaft getroffen werden. Dies kann bei Betroffenen dazu führen, dass das Interesse am Spielen verloren geht und eine Teilnahme nur noch passiv erfolgt oder vermieden wird.

- Sportlehrkräfte und Lehrende sollten sich vergegenwärtigen, dass mit einer geschlechtsbezogenen Sozialisation immer auch auf den Sport bezogene Stereotype vermittelt werden. Dadurch zeigen sich dann Verhaltensmuster, die auf hegemoniale Männlichkeitskonstruktionen einerseits und weibliches Unterwerfungsverhalten andererseits verweisen. Derartige Verhaltensweisen zeigen sich auch im Sportunterricht bzw. im Kursgeschehen an der Universität. Zum Beispiel gibt es immer wieder Studenten, die glauben, ihre Fähigkeiten und Fertigkeiten im Spiel offensiv demonstrieren zu müssen, wohingegen andere

Studierende – dadurch eingeschüchtert – sich aus dem Spielgeschehen zurück-ziehen und nur noch auf Aufforderung durch die Lehrkraft hin partizipieren. Um derartige Situationen zu vermeiden, sollten von Beginn an Spiele gewählt werden, in denen der Erfolg nicht ausschließlich auf bestimmten Fertigkeiten (z. B. Ballhandling) oder offensivem Spielverhalten beruht. Es eignen sich Ein-gangsrituale und (Aufwärm-)Spiele, bei denen alle Schüler*innen/Studierende, ohne spezifische Vorkenntnisse oder besondere Fertigkeiten, gleichermaßen partizipieren können. Zudem ermöglichen v. a. Spielformen, die auf kognitive und kooperative Fähigkeiten ausgerichtet sind[3], oder Spiele, die vom Zufall (z. B. Würfel) abhängen, aufgrund ihrer Struktur eher eine gleichberechtigte Teilhabe aller, weil sie weniger voraussetzungvoll sind.

- Insbesondere bei Formen von Wurf- und Torschussspielen, die als Einführung in das Zielspiel durchgeführt werden, sollten die Lehrenden auf eine ausgewo-gene Partizipation aller Adressat*innen am Spiel achten und dies durch eine Modifikation der Regeln bewusst steuern. In die Diskussion um Regeländerun-gen sollten alle Spieler*innen einbezogen werden, auch um zu sichern, dass der dahinterliegende Sinn verstanden wird. Im fachpraktischen Kurs ‚Bewe-gungsspiele‘ in der Sportlehrer*innenausbildung ist es besonders wichtig, die angebotenen Spiele hinsichtlich möglicher Ungleichheitsprozesse im Kurs zu analysieren und zu diskutieren, um schließlich gemeinsam Anpassungen zu entwickeln, die eine gleichberechtigte Teilhabe aller ermöglichen.
- Grundsätzlich sollten im Sportunterricht und auch in den Kursen an der Universität (geschlechterbezogene) Unterschiede nur dann adressiert werden, wenn diese zur Exklusion führen. Auch sollten leistungsstarke Schülerinnen/ Studentinnen nicht als ‚Ausnahme von der Regel‘ hervorgehoben werden, da dadurch wiederum Stereotype verfestigt werden. Vielmehr sollte auf gemein-same Merkmale der Geschlechter und die große Leistungsstreuung innerhalb einer Geschlechtergruppe verwiesen werden.
- Inhaltlich ist v. a. im Kurs an der Universität darauf zu achten, dass die Vielfalt der Bewegungsspiele aufgezeigt wird und dass den Studierenden die Struktu-ren der Spiele und die daraus erwachsenden Anforderungen, durch die sich u. U. Ein- und Ausschlüsse für bestimmte Spieler*innen ergeben, verdeutlicht werden. Dieses Wissen ist Voraussetzung dafür, dass die künftigen Lehr-kräfte später allen Schüler*innen gleichermaßen einen Zugang zu verschie-denen Bewegungsspielen eröffnen und geschlechtsbezogene Zuschreibungen vermeiden können.

---

[3] Hierzu gehören bspw. Spiele, die die exekutiven Funktionen in den Blick nehmen.

- Unangemessenes Verhalten einzelner Schüler*innen im Spiel sollte aufgegriffen und als Reflexionsanlass genutzt werden. Gemeinsam sollten Regeln festgelegt werden, wie bestimmte negative Verhaltensweisen im Spiel vermieden und im Wiederholungsfall sanktioniert werden.

- Da Studierende den Kurs ‚Bewegungsspiele' in der Regel in den ersten Semestern des Studiums absolvieren, haben sie möglicherweise noch kaum theoretisches Wissen bezüglich der Relevanz geschlechtsbezogener Ungleichheitsprozesse im Sport. Dadurch können Ungleichheitsverhältnisse verdeckt oder aber reifiziert werden. Sofern dies in einem bestimmten Kurs evident wird, ist es Aufgabe des*der Lehrenden, auf diesen Sachverhalt aufmerksam zu machen und die Thematik im Diskurs mit den Studierenden zu bearbeiten.

- Die Studierenden sollten im Hinblick auf ihre eigene geschlechtsbezogene Sozialisation sensibilisiert werden, indem in den Reflexionsphasen der Ausbildungskurse immer wieder auf die Heterogenität der Teilnehmenden und die verschiedenen Strukturkategorien, die Ungleichheit bedingen, hingewiesen wird. Dadurch wird das Nachdenken über die eigene vergeschlechtlichte Sozialisation in bestimmten Bereichen des Sports angeregt.

- Auch in gemischtgeschlechtlichen Kindersportgruppen im Verein spielen geschlechtsbezogene Zuschreibungen, z. B. hinsichtlich konditioneller Aspekte oder mit Blick auf Wurffähigkeiten, eine Rolle. Deshalb sollten sich auch Übungsleiter*innen ihrer möglicherweise geschlechtsbezogenen Erwartungen und Effekte bewusst sein und durch eine entsprechende Inhaltsauswahl oder durch Regelanpassungen von Spielen einem Dominanzverhalten entgegensteuern, um so allen eine gleichberechtigte Teilhabe zu ermöglichen.

Einteilung von Teams

Um ein spannendes Spiel zu ermöglichen, bei dem der Ausgang offen ist, sind gleichstarke Teams notwendig. Schüler*innen neigen jedoch bisweilen dazu bzw. äußern explizit den Wunsch, in geschlechtshomogenen Teams zu spielen. Da jedoch die Geschlechtszugehörigkeit mit Zuschreibungen verbunden ist (auch negativen), kann ein Teambildungsprozess nach Geschlecht stereotype Zuschreibungen verstärken und dadurch ggf. Erfahrungsräume einschränken. Ein Grund für derartige Zuschreibungen sind meist Vorerfahrungen, die Schüler*innen/ Studierende häufig aus dem Wettkampfsport mitbringen: Jungen werden aufgrund ihrer Größe, Muskelmasse und zugeschriebenen Kraft- und Schnelligkeitsfähigkeiten bei ungesteuerten Wahlprozessen im Schulsport meist bevorzugt. Mädchen/ Frauen und generell kleinere Personen werden dann als weniger leistungsfähig eingeschätzt, was zu einer systematischen Diskriminierung dieser Gruppen führt. Ein weiterer Nachteil einer Teambildung qua Geschlecht besteht darin, dass Personen, die sich als nicht-binär verorten, dadurch stigmatisiert werden.

- Zur Erhaltung der Spannung in Bewegungsspielen, in denen miteinander gewetteifert wird, ist es notwendig, annähernd gleichstarke Teams zu bilden, die gegeneinander spielen. Für den schulischen Sportunterricht und die Praxiskurse im Sportstudium bedeutet das, leistungsstarke und weniger leistungsstarke Schüler*innen/Studierende gleichmäßig auf die Teams zu verteilen. Dies kann entweder durch die Lehrperson – nach pädagogischen Prinzipien – oder durch eine vorab bestimmte Schüler*innen- bzw. Studierendengruppe erfolgen, der die Aufgabe der Teambildung übertragen wird. Dabei sollte vorab vermittelt worden sein, dass die Einteilung nach Spielleistung und nicht nach Geschlecht vorzunehmen ist.
- Aus zeitökonomischen Gründen können bei der Einteilung von Teams auch gesteuerte Zufallsverfahren (z. B. Abzählen, Losverfahren) herangezogen werden. Diese haben allerdings den Nachteil, dass dabei höchst ungleiche Teams entstehen können, was dann wiederum von der Lehrkraft korrigiert werden muss. Dies kann u. U. zu Situationen der Beschämung einzelner Schüler*innen und Studierender führen
- Von der Lehrkraft sollte hervorgehoben werden, dass erfolgreiches Handeln in Bewegungsspielen auf unterschiedlichen Kompetenzen beruht, die nicht geschlechtlich determiniert sind.
- Sollte es bei bestimmten Spielen zu unangemessenen Formen von Körperkontakt kommen (die z. B. von einzelnen Schüler*innen oder Studierenden gemeldet oder von Lehrenden beobachtet werden), dann ist das Spiel zu unterbrechen, u. U. auch unverzüglich zu beenden. Der Vorfall ist – den Umständen entsprechend – in Einzelgesprächen oder im Plenum zu bearbeiten und es sind geeignete Maßnahmen zu ergreifen, um Derartiges künftig zu verhindern.

Modifikation von Regeln

Um in leistungsheterogenen Gruppen eine chancengleiche Beteiligung am Spiel zu ermöglichen, werden in der Praxis oft Regelanpassungen vorgenommen. Werden diese geschlechtsbezogen formuliert (z. B. „Jungen werfen mit der schwachen, Mädchen mit der starken Hand" oder „Punkte von Studentinnen zählen doppelt"), dann führt dies einerseits zu einer Abwertung der Schülerinnen/ Studentinnen aufgrund der Annahme geringerer Kompetenzen im Umgang mit dem Ball, andererseits zu einer Erhöhung des Leistungsdrucks bei jenen Schülern und Studenten, die nicht über die ihnen zugeschriebenen Kompetenzen verfügen, die aber offenbar von ihnen erwartet werden.

- Regeländerungen sollten deshalb nie geschlechtsbezogen formuliert werden und nie nur einen Teil der Schüler*innen/Studierenden, sondern alle gleichermaßen betreffen.
- Modifikationen können auf der Ebene des Materials erfolgen: Beim Zombie- oder Dodgeball könnten z. B. qua Regeln nur Softbälle eingesetzt werden. Oder: Völkerball kann mit einem Frisbee aus Schaumstoff gespielt werden. Die Verwendung solch alternativer Materialen hat den Vorteil, dass alle Studierenden/Schüler*innen kaum oder wenig Vorerfahrung mit diesen Geräten haben und somit etwaige Leistungsunterschiede zumindest etwas ausgeglichen werden. In Spielen, in denen gute Fähigkeiten im Fangen spielentscheidend sind (z. B. Zehnerball), können Methodik-Bälle (Knautschbälle) verwendet werden, die das Fangen erheblich erleichtern.

Der fachpraktische Kurs im Rahmen des Sportstudiums bietet im Besonderen die Möglichkeit, modifizierte Regeln für verschiedene Typen von Bewegungsspielen zu erproben und zu diskutieren. Indem im Kurs unterschiedliche Varianten klassischer Bewegungsspiele im Hinblick auf ihre pädagogische Eignung für heterogene Lerngruppen reflektiert werden, können auch geschlechtsbezogene Muster hierarchischen Denkens und Handelns aufgezeigt und aufgebrochen werden.

Leistung und Bewertung

Angesichts einer wettbewerbsorientierten Spielpraxis, wie sie z. B. im Vereinssport üblich ist, kann sowohl unter Schüler*innen wie auch Studierenden eine Orientierung entlang von Sieg und Niederlage erfolgen. Gerade vor dem Hintergrund hegemonialer Männlichkeitskonstruktionen können Niederlagen als demütigend empfunden werden und Abwertungen nach sich ziehen.

- Anders als im wettbewerbsorientierten Vereinssport erfolgt die Bewertung der erbrachten Leistung im Sportunterricht nicht entlang von Sieg oder Niederlage. Vielmehr geht es darum, eine allgemeine Spielfähigkeit zu erwerben. Hierzu gehört neben technischen und taktischen Aspekten und der Anwendung des Regelwerks auch der Erwerb sozialer Kompetenzen sowie mitunter auch die Fähigkeit, z. B. über Spielmodifikationen Probleme zu lösen. Hierauf sollte die Sportlehrkraft explizit hinweisen.

- Im fachpraktischen Kurs ‚Bewegungsspiele' steht weniger das sportmotorische Können der Studierenden im Vordergrund, sondern vielmehr didaktisch-methodische Aspekte der Vermittlung solcher Spiele. Entsprechend sollte die Leistungsbewertung auch auf eben diese Aspekte abzielen. Dazu gehört u. a. die Auseinandersetzung mit Möglichkeiten, die Spielfähigkeit der Schüler*innen aufrechtzuerhalten. Dabei ist es wichtig zu vermitteln, dass spielbezogene Kriterien und eben nicht konditionelle Fähigkeiten, die wiederum mit geschlechtsbezogenen Annahmen verbunden sein können, herangezogen werden. Studierende werden in diesem Kurs (z. B. bei der Übernahme von Stundenteilen oder in den lehrpraktischen Prüfungen) in Bezug auf ihre Vermittlungskompetenzen bewertet. So spielen dabei neben Aspekten der Unterrichtsgestaltung v. a. die Kriterien Kommunikation, Gruppenführung, Zeitmanagement und die Fähigkeit, flexibel zu reagieren, eine große Rolle.

10.3 Leichtathletik – Laufen, Springen, Werfen

▶ **Tipp**

- Wettkampfteams nach Leistung, nicht nach Geschlecht bilden
- Technikdemonstration statt/als Ergänzung zu cgs
- Leistungen in Relation zu individuellen Voraussetzungen
- Individueller Lernfortschritt

Geschlechtsbezogene Erwartungen und Effekte
Bei der Thematisierung von Leichtathletik im Schulsport sind sowohl bei Lehrkräften als auch bei Schüler*innen geschlechtsbezogene Alltagsannahmen zu beobachten, wonach Jungen und Männern generell eine höhere Leistungsfähigkeit zugeschrieben wird als Mädchen und Frauen. Derartige stereotype Annahmen finden sich auch in den fachpraktischen Kursen des sportwissenschaftlichen Studiums. Problematisch daran ist, dass sich solche Stereotype in den Köpfen festsetzen und manche Schüler*innen bzw. Studierende an der Entfaltung ihrer Potenziale hindern.

Dies ist auch mit Blick auf jene Studierende und Schüler*innen problematisch, die sich als nicht-binär verorten. Umso mehr sollten Lehrende und Lehrkräfte im Kontext der cgs-Sportart (centimeter, gram, second) Leichtathletik dafür sensibilisiert werden, Leistungserwartungen nicht geschlechtsbezogen zu formulieren, sondern individualisierte Anforderungen stellen, um so die persönlichen Potenziale zu fördern.

Angehende wie auch praktizierende Lehrkräfte benötigen für eine Auseinandersetzung mit dem Themenbereich Geschlecht in der Leichtathletik profunde Kenntnisse in der Leistungsphysiologie, um hierarchisierende Aussagen und Zuschreibungen zu erkennen und Argumenten, die die Leistungsfähigkeit lediglich am biologischen Geschlecht festmachen, faktenbasiert entgegentreten zu können. Lehrende und Lehrkräfte sollten dabei eine Vorbildfunktion einnehmen und keineswegs eine (geschlechtsbezogen konnotierte) Ungleichwertigkeit der verschiedenen Disziplinen suggerieren.

- Entsprechend bietet es sich in den Leichtathletikkursen an den Hochschulen bzw. im Sportunterricht der gymnasialen Oberstufe an, sogenanntes ‚Alltagswissen' über die Leistungsfähigkeit von Frauen und Männern unter Heranziehen neuerer Forschungsliteratur zur Leistungsphysiologie gezielt in den Blick zu nehmen (s. hierzu bspw. Gromeier et al., 2017)[4] und auf die Bandbreite der Leistungen von Frauen und Männern und die Überschneidungsbereiche in der Leichtathletik zu verweisen. Um diese theoretische Fundierung für die Schüler*innen bzw. Studierenden festzuhalten, sollten die wichtigsten Aspekte in einem Handout konzise aufbereitet und auf geeignete Weise zugänglich gemacht werden.
- Ferner sollte Studierenden und Schüler*innen vergegenwärtigt werden, dass auch innerhalb einer Genusgruppe deutliche Differenzen bestehen können, da Leistungen nicht geschlechtsbezogen determiniert sind, sondern auf Sportsozialisation und Trainingseffekte zurückgeführt werden.
- Um Studierende zu einer kontinuierlichen Reflexion anzuregen, kann in den Leichtathletikkursen auch auf Inhalte der Grundlagenvorlesungen sowie bestimmter theoretischer Lehrveranstaltungen rekurriert werden, sofern diese entsprechende Inhalte zum Gegenstand haben.
- Um zu verhindern, dass aufgrund der Sportbiografien bzw. der persönlichen Vorlieben der Lehrkräfte/Lehrenden einzelne Disziplinen überbetont, andere hingegen vernachlässigt oder lediglich in Form technischer Grundlagen vermittelt werden, sollte verbindlich festgelegt werden, dass die verschiedenen Disziplinen in einem ausgewogenen Verhältnis abgedeckt und die individuellen Kompetenzen der Schüler*innen/Studierenden zum Ausgangspunkt des Vermittlungsprozesses genommen werden. Denn durch eine einseitige

---

[4] So fanden Gromeier et al. (2017) heraus, dass es keine geschlechtsbezogenen quantitativen, wohl aber qualitative Unterschiede in der Wurftechnik im Handball gibt. D. h., die untersuchten Jungen und Mädchen sind mit ihrer Wurftechnik gleichermaßen erfolgreich, während die Qualität der Bewegungsausführung bei den Jungen höher ist.

Auswahl der Inhalte wird u. U. zu wenig Raum für eine individualisierte Leistungsentwicklung in einer bestimmten Disziplin geboten, wodurch bestimmte Schüler*innen-/Studierendengruppen ihre Kompetenzen nicht einsetzen bzw. ausbauen können.

Sowohl Lehrende wie auch Lernende können (unbewusst) von geschlechtsbezogenen Stereotypen geprägt sein, mit denen unterschiedliche Leistungserwartungen einhergehen. Hierdurch können Ungleichheiten perpetuiert werden, sodass Lernende unter Druck geraten könnten, Normen zu entsprechen, die auf einem binären Verständnis von Geschlecht beruhen.

• Indem in den fachpraktischen Kursen und im Sportunterricht eine Vielfalt von Disziplinen gelehrt wird, können Studierende bzw. Schüler*innen in ihren individuellen (d. h. geschlechtsunabhängigen) Kompetenzen unterstützt und gefördert werden. Ferner sollte ihnen vergegenwärtigt werden, dass auch innerhalb einer Genusgruppe deutliche Differenzen bestehen können.

In Sportpraxiskursen bzw. im Sportunterricht treffen Studierende/Schüler*innen aufeinander, die z. B. in Bezug auf den Körperbau sehr heterogen sind. Damit werden hinsichtlich der verschiedenen Disziplinen von den Betrachter*innen Vor- und Nachteile assoziiert. Zumeist profitieren trainierte cis-geschlechtliche Männer/Jungen mit einem athletischen Erscheinungsbild von positiven Zuschreibungen, wohingegen anderen Studierenden/Schüler*innen eine geringere Leistungsfähigkeit zugeschrieben wird. Dadurch können sogenannte Halo-Effekte[5] entstehen, was bedeutet, dass den von der Lehrperson und auch den Mitschüler*innen/ Kommiliton*innen negativ etikettierten Schüler*innen/Studierenden weniger gute Leistungen zugetraut werden und u. U. gar keine bzw. nur geringe Erwartungen an sie gestellt werden, mit der Folge, dass diese weit unter ihren möglichen sportmotorischen Leistungen bleiben.

• Lehrende/Sportlehrkräfte sollten daher reflektieren, dass Personen ihre sportliche Leistungsfähigkeit u. U. nicht von außen angesehen und schon gar nicht an

---

[5] Um einen Halo-Effekt handelt es sich, wenn bei einer Person ein auffälliges Merkmal fokussiert wird, während alle anderen Merkmale ausgeblendet werden. Der Effekt wird daher auch als systematischer Fehler der Personenbeurteilung bezeichnet. Außerdem wird auf der Grundlage des ausgewählten Merkmals auf weitere Charaktereigenschaften der Person geschlossen, obwohl die Annahmen objektiv gesehen nicht zutreffen müssen. Merkmale, die häufig in den Fokus geraten, sind z. B. physische Attraktivität, Behinderung oder eine außerordentliche Leistung (vgl. Lexikon der Psychologie, 2024).

ihrer geschlechtlichen Identität festgemacht werden kann. Außerdem können derartige äußere Zuschreibungen bei manchen die Entwicklung eines positiven Körperselbstbildes negativ beeinflussen.

Darüber hinaus ist darauf hinzuweisen, dass eine bestimmte sportliche Vorsozialisation von Studierenden/Schüler*innen (z. B. aufgrund einer Mitgliedschaft in einer Leichtathletikabteilung) entsprechend geschlechtsbezogene Erwartungen bei der lehrenden Person hervorrufen kann. Dies betrifft meist cis-männliche Studierende/Schüler, die dann durch die Erwartungen der Lehrperson hegemonialen Männlichkeitskonstruktionen unterworfen werden, die sich in einer stark kompetitiven Orientierung niederschlagen. Dies mag in Einzelfällen für den Schüler bzw. Studenten passend sein oder ihn sogar mit Stolz erfüllen. Es kann aber auch zu einem Gefühl der Überforderung führen, ihn einschüchtern und sogar seine Motivation verringern.

• Entsprechend sollte in fachpraktischen Kursen sowie im Sportunterricht sichergestellt werden, dass Leistungen nicht als absoluter Maßstab herangezogen werden, sondern vielmehr der individuelle Leistungszuwachs im Vordergrund steht.
Bereits sehr leistungsstarken Studierenden/Schüler*innen könnte ein zusätzlicher Trainingsreiz gesetzt werden, indem diese bspw. eine komplexere Technik erwerben oder mit Bewegungskorrekturen vertraut gemacht werden, sodass sie einen Blick für Bewegungsbilder bekommen und fähig sind, ihren Kommiliton*innen oder Mitschüler*innen Verbesserungsvorschläge für ihr Training zu unterbreiten.

Auch im Vereinssport dürften geschlechtsbezogene Zuschreibungen Eingang finden und eine limitierende Wirkung entfalten. Deshalb sollten sich auch Übungsleiter*innen mit dem Themenbereich Geschlecht in der Leichtathletik auseinandersetzen, um hierarchisierende Aussagen erkennen und entsprechend intervenieren zu können.

Gruppenbildungsprozesse
Eine vergeschlechtlichte Sozialisation sowie damit verbundene geschlechtsbezogene Zuschreibungen können sich auch auf die Bildung von Gruppen und Teams auswirken und somit die Aufmerksamkeit der Lehrperson erfordern, da sie zumeist die Einteilung vornimmt. Die Art der Gruppenbildung ist abhängig vom Ziel, das mit den Gruppen angestrebt werden soll. Zu unterscheiden sind zwei Typen von Gruppen: Erstens solche Gruppen, die um das Ziel, die Besten

zu ermitteln, konkurrieren. Dies kommt z. B. in Staffelspielen, Lauf-, Sprung-
und Wurfwettbewerben vor. Und zweitens Gruppen, die im Sinne einer Gruppenarbeit gemeinsam eine Aufgabe lösen sollen, z. B. einen Trainingsparcours zur
Sprungkraftförderung zu entwickeln. Dabei kann zwischen themengleicher und
themenunterschiedlicher Arbeit in den Gruppen unterschieden werden.

- Bei Gruppen des *ersten Typs* ist es zur Erhaltung der Spannung notwendig, annähernd gleichstarke Teams zu bilden, die gegeneinander antreten. Für
  die Schule und Praxiskurse im Sportstudium bedeutet das, leistungsstarke
  und weniger leistungsstarke Schüler*innen/Studierende gleichmäßig auf die
  Teams zu verteilen. Dabei ist es wichtig, Schüler*innen sowie Studierenden
  zu vermitteln, dass die Einteilung nach Leistung nicht pauschal entlang des
  Geschlechts vorzunehmen ist. Ein Grund für stereotype Zuweisungen sind Vorerfahrungen, die Schüler*innen/Studierende häufig aus dem Wettkampfsport
  mitbringen. Jungen bzw. Männer werden aufgrund ihrer Größe und Muskelmasse bei Auswahlprozessen, bei denen Kraft, Ausdauer und Schnelligkeit
  zentrale Kriterien sind, meist bevorzugt. Mädchen/Frauen und generell kleinere Personen werden als weniger leistungsfähig eingeschätzt, was zu einer
  systematischen Diskriminierung dieser Gruppen führen kann.
- Studierende und Schüler*innen sollten deshalb dafür sensibilisiert werden, dass Körpergröße und Muskelmasse keinen natürlichen Vorteil in den
  leichtathletischen Disziplinen darstellen. Für die Einteilung von Teams, die
  in Wettbewerben gegeneinander antreten, empfiehlt es sich, auf Selbstein-
  schätzungsverfahren zurückzugreifen. Lehrkräfte und Lehrende sollten dabei
  aber – v. a. bei jüngeren Kindern und (extremen) Fehleinschätzungen – als
  Moderator*innen fungieren.
- Die Einteilung von Gruppen z. B. für Schulwettbewerbe o. ä. folgt allerdings einer anderen Logik: Hier gilt es, möglichst viele Leistungsstarke in
  einem Team zu platzieren. Hierbei ist das Auswahlprinzip in der Regel
  die zuvor erbrachte Leistung. Da derartige Wettbewerbe meist ohnehin nach
  Geschlechtern getrennt erfolgen, ist eine Wahl zwischen einem Mädchen und
  einem Jungen für das betreffende Team von Vornherein ausgeschlossen. Eine
  Ausnahme bilden Mixed-Wettbewerbe.
- In der Leichtathletik gibt es allerdings auch Situationen, in denen leistungshomogene Teams gebildet werden, die zwar zielgleich agieren, aber
  gegeneinander in einem Wettbewerb antreten. Dies ist z. B. bei der Vorbe-
  reitung auf Individualwettkämpfe im Sprint-, Mittel- und Langstreckenlauf,
  aber auch in technischen Disziplinen der Fall. Diese Form wird in Schule

und Hochschule und auch im Sportverein angewandt, um durch das Antreten gegeneinander in einer aktuellen Wettbewerbssituation zu individuellen
Bestleistungen zu gelangen. Das Geschlecht dürfte bei derartigen Auswahlprozessen keine Rolle spielen; vielmehr ist die zuvor erbrachte Leistung das
alleinige Auswahlkriterium.

• Bei Gruppen des *zweiten Typs*, also solchen, die nicht über sportmotorische
  Leistungsfähigkeit miteinander konkurrieren, ist eine homogene Zusammensetzung bezüglich des sportmotorischen Leistungsniveaus nicht notwendig
  und auch nicht sinnvoll. Hier sind andere Kriterien anzulegen, wie z. B.
  Kooperationsbereitschaft, kommunikative und gruppenintegrierende Fähigkei-
  ten, Verträglichkeit, Kreativität usw. Auch in diesen Auswahlprozessen können
  Geschlechterstereotype wirken, etwa indem Mädchen und Frauen mehr soziale
  Kompetenz und Kreativität zugeschrieben wird, Jungen und Männern dagegen
  eher Führungsstärke und Durchsetzungsfähigkeit bei Entscheidungen in der
  Gruppe. Also gilt es für Lehrende, auch bei Gruppenbildungsprozessen eine
  Stereotypen vermeidende Haltung einzunehmen.

• Es empfiehlt sich, die Gruppen für derartige Gruppenaufträge nach pädagogischen Kriterien zusammenzusetzen. Schüler*innengruppen können über die
  Anfertigung eines Freundschafts-Soziogramms berücksichtigt werden: Dabei
  wird jede*jeder Schüler*in gebeten, zwei persönliche Wahlen bezüglich der
  Gruppenzusammensetzung abzugeben. Vor dem Hintergrund dieser Wahlen ist
  die Lehrkraft in der Lage, die Gruppen so zusammenzusetzen, dass möglichst
  optimal arbeitsfähige Kleingruppen entstehen.

Modifikation von Regeln

Leistungsheterogenität unter Studierenden der Sportwissenschaft bzw. Schüler*innen im Sportunterricht sollte mit Differenzierung begegnet werden. Wenn
diese allerdings geschlechtsbezogen vorgenommen wird oder Regeländerungen
nur Leistungsschwächere adressieren, erfolgt dadurch eine inhärente Abwertung,
die Studierende bzw. Schüler*innen stigmatisiert.

• Um alle Lernenden gleichwertig zu behandeln, sollten geschlechtsbezogene
  Unterschiede nur situativ thematisiert, nie aber kategorial vorausgesetzt werden. Pauschale geschlechtsbezogene Aufgaben oder Regeln reproduzieren
  Stereotype über eine ganze Genusgruppe hinweg, die nie auf alle in dieser Gruppe zutreffen. Regelanpassungen sollten daher stets universell gelten

oder als spezielle Herausforderung für die besonders Leistungsstarken formuliert werden, indem z. B. eine zusätzliche Erhöhung des Schwierigkeitsgrades erfolgt.

Leistungsbewertung

In fachpraktischen Kursen im Studium wie auch im Sportunterricht werden zur Leistungsbeurteilung oftmals standardisierte Bezugsnormen herangezogen, die nach Geschlechtern getrennt sind. Die Differenzierung der Leistungsnormen in männlich und weiblich festigt nicht nur die Vorstellung der Zweigeschlechtlichkeit als alleinigem Prinzip, Kriterien zur Leistungsbewertung zu generieren, sondern suggeriert Lehrenden wie auch Lernenden geschlechtsbezogene Leistungserwartungen. Dabei wird zumeist Männern bzw. Jungen ein höheres Leistungspotenzial zugeschrieben, was Studenten/Schüler überfordern, Studentinnen/Schülerinnen hingegen demotivieren kann, weil an sie von Vornherein ein geringerer Anspruch gestellt wird. Darüber hinaus stellen geschlechtsbezogene Leistungsorientierungen TIN* Personen vor ein Zuordnungsproblem.

- Die Leistungsbeurteilung von Studierenden bzw. Schüler*innen sollte nicht allein auf Basis messbarer Kriterien (cgs) erfolgen, sondern weitere Kriterien (z. B. Technik bzw. insbesondere Technikdemonstrationsfähigkeit) umfassen. Diese Kriterien sind mit Blick auf die Leistungsmessung im Sportunterricht besonders wichtig. Leistungsmessungen nach dem cgs-System können darüber hinaus z. B. in Relation zur Körpergröße (bspw. beim Hochsprung) gesetzt werden, um Chancengerechtigkeit zu erzeugen.
- Anstatt in den verschiedenen Disziplinen eine (geschlechtsbezogene) (Mindest-)Leistung einzufordern, könnte ein Punktesystem eingeführt werden, das die Erreichung eines kumulierten Gesamtwerts zum Ziel hat. Auf diese Weise könnte den individuellen Stärken der Studierenden bzw. Schüler*innen besser Rechnung getragen werden.
- Ferner ist zu berücksichtigen, dass Studierende, mitunter auch Schüler*innen, in Alter, Kraft und Körpergröße differieren und daher unterschiedliche Voraussetzungen mitbringen, um bestimmte Leistungen in einer Disziplin zu erreichen. Entsprechend sollte bei den Leistungsanforderungen differenziert werden. Eine Möglichkeit hierfür stellt die Anfertigung eines Leistungstagebuchs dar, in welchem von den Eingangsleistungen ausgehend im Verlauf des Kurses bzw. Unterrichts erzielte Verbesserungen dokumentiert werden.

- Um divergierende Ausgangsniveaus und individuelle Stärken zu berücksichtigen, kann Studierenden/Schüler*innen bei der Leistungserbringung die Wahl zwischen leichtathletischen Disziplinen überlassen werden.
- Studierende könnten ihre Leistungen sukzessive erbringen, d. h. bspw. jeweils zum Ende einer thematischen Einheit, anstatt – wie dies vielfach der Fall ist – am Ende des Kurses in einen unmittelbaren Vergleich mit allen Kommiliton*innen treten zu müssen. In gemischtgeschlechtlichen Kleingruppen könnte gezielt trainiert und die Entwicklung der Leistung reflektiert werden.
- Bezugsnormen sollten generell im Unterricht kritisch reflektiert werden, indem verdeutlicht wird, dass neben sachbezogenen (z. B. die Leistungsbewertung entlang einer geschlechtsspezifischen Normtabelle) auch soziale und individuelle Bezugsnormen für eine chancengerechte Beurteilung relevant sein können.

Eine nach Geschlechtern differenzierte Leistungsbewertung anhand von Normtabellen bietet im Schulsport wie auch im Sportstudium eine leicht zu handhabende Orientierung, zumal es keine Alternativen zur objektiven Bewertung gibt. Da die Bewertung nach Leistungstabellen eine Chancengerechtigkeit von Mädchen bzw. Frauen gegenüber Jungen bzw. Männern herstellen soll, wird sie durchaus als legitim und gerecht erachtet.

- Dass die Bewertung anhand von Normtabellen, die die individuell höchst unterschiedlichen Voraussetzungen von Jungen und Mädchen bzw. Männern und Frauen nicht berücksichtigt und dadurch ebenfalls in vielen Fällen individuelle Chancen begrenzt, ist sowohl den Schüler*innen als auch den Studierenden im Unterricht immer wieder als Problem bewusst zu machen.
- Mit Blick auf nach Geschlechtern getrennte Leistungstabellen ist zu reflektieren, dass diese immer auch eine binäre Sicht auf Geschlecht reproduzieren. TIN* Personen werden in den Leistungstabellen nicht abgebildet.
- Aufgabe der Fachkonferenzen in Schule und Studium ist es daher, gemeinsam adäquate Lösungen für die Bewertung der Leistungen von TIN* Personen zu entwickeln und parat zu halten. Generell können sich Fachschaften auch überlegen, eine Alternative zur Bewertung nach geschlechtsbezogenen Werten zu finden oder den Lernenden die Wahl zu bieten, eine Technikprüfung in den Disziplinen abzulegen.

Im Vereinssport werden geschlechtsbezogene Normwerte bei Wettkämpfen wie auch der Erbringung des Sportabzeichens zugrunde gelegt. Im Rahmen des Trainings in gemischtgeschlechtlichen Kindergruppen könnte die dadurch transportierte Naturhaftigkeit der Leistungsunterschiede zwischen Jungen und Mädchen bzw. Männern und Frauen durch intrageschlechtliche Vergleiche oder bestimmte Übungsformate/Settings irritiert und thematisiert werden. Auf diese Weise könnte Geschlechterstereotypen im Kindesalter entgegengewirkt werden.

10.4 Schwimmen – Bewegen im Wasser

▶ Tipp

- Unterschiedliche Voraussetzungen berücksichtigen
- Schutzraum bieten
- Vertrauensvolle Atmosphäre schaffen

Geschlechtsbezogene Erwartungen und Effekte
Im Rahmen dieses Bewegungsfeldes werden neben den vier grundlegenden Schwimmtechniken Brust, Kraul, Rückenkraul und Delphin auch Wasserspringen, Tauchen, Rettungsschwimmen sowie Wasserball und Wassergymnastik, aber auch das ästhetisch-kompositorische Synchronschwimmen behandelt. Mit den unterschiedlichen Inhalten können sowohl bei Lehrenden wie auch bei Lernenden geschlechtsbezogene Alltagsannahmen assoziiert sein, wonach einem bestimmten Geschlecht je nach Inhalt und Thema eine höhere bzw. geringere Leistungsfähigkeit bzw. ein größeres bzw. geringeres Interesse zugeschrieben wird. Derartige Vorannahmen können dazu führen, dass Schüler*innen/Studierende in der Entfaltung ihrer individuellen Potenziale eingeschränkt werden. Werden z. B. Geschlechterstereotype in Bezug auf Synchronschwimmen dahingehend geäußert, dass dies eine ‚Mädchendisziplin' sei, dann ist dies auf traditionelle Geschlechterstereotype in Bezug auf ästhetisch-kompositorische Sportarten zurückzuführen. Auch die Tatsache, dass Synchronschwimmen als olympische Disziplin bis zum Jahr 2024 Frauen vorbehalten war – erstmals dürfen im Jahr 2024 Männer an dieser Wettkampfdisziplin teilnehmen – kann zu diesem Stereotyp beigetragen haben. Vor diesem Hintergrund ist erklärbar, dass Schüler bzw. männliche Studierende Vorbehalte gegenüber dieser Disziplin entwickeln, weil sie weiblich konnotiert ist. Oder sie könnten befürchten, von männlichen Beobachtern belächelt oder gar ausgegrenzt zu werden, wenn sie der Disziplin gegenüber Interesse oder sogar spezifische Fertigkeiten darin zeigen. Beides lässt sich mit

den Vorstellungen von hegemonialer Männlichkeit und dem damit verbundenen Überlegenheitsimperativ, dem Männer ausgesetzt sind, erklären. Eine Folge davon dürfte sein, dass Schüler bzw. Studenten für bestimmte Lerninhalte, die ihnen wenig vertraut sind bzw. die sie als weiblich verorten, kein oder nur geringes Interesse zeigen.

Bezogen auf das Lehramtsstudium bedeutet das: Derartige geschlechterbezogene Vorannahmen führen dazu, dass Studierende nicht in allen Bereichen, die im Lehramtsstudium vermittelt werden, hinreichende Kompetenzen erwerben. Für die spätere Berufspraxis hat dies zur Folge, dass diese Lehrkräfte es vorziehen, die zu unterrichtenden Inhalte nach ihren individuellen Präferenzen auszuwählen, dadurch geschlechtsbezogene Stereotypen reproduzieren und für ihre Schüler*innen ein nur limitiertes Bewegungsangebot bereitstellen.

- Es ist zu empfehlen, das Bewegungsfeld ‚Bewegen im Wasser – Schwimmen‘ im Lehramtsstudium darauf auszurichten, den Studierenden eine möglichst breite Basis an Kenntnissen über die Bewegungskultur im Wasser und damit einhergehenden Techniken zu vermitteln. Auf diese Weise können Lehrkräfte in der späteren Berufspraxis auf ein breites Repertoire an Inhalten und Methoden zurückgreifen, um ihren Schüler*innen die Vielfalt des Bewegens im Wasser zu vermitteln.

Da die Kategorie Geschlecht mit anderen Heterogenitätsdimensionen in Wechselwirkung treten kann,[6] kommt es zu erheblichen Herausforderungen für die Lehrkraft bei der Sicherung der Chancengleichheit für alle Schüler*innen. So treffen im Schwimmunterricht, v. a. in der Grundschule sowie in den Anfangsklassen der Sekundarstufe I, Schüler*innen, die das Schwimmen bereits früh in der Kindheit gelernt haben, auf solche, die das Schwimmen noch gar nicht beherrschen. Während einige Eltern ihre Kinder bereits im jungen Alter an einem Schwimmkurs zum Erwerb der Schwimmfähigkeit anmelden oder selbst regelmäßig mit ihren Kindern schwimmen gehen, stehen andere Eltern aus verschiedensten Gründen dem Schwimmen distanziert gegenüber und können deshalb auch ihre Kinder nicht entsprechend fördern. Rechnet man hier noch geschlechterbezogene Aspekte hinzu, wonach Jungen häufiger mit Sportlichkeit assoziiert werden, können jene Jungen, die die Schwimmfähigkeit noch nicht erworben haben, schnell unter Druck geraten und sich im Schwimmunterricht stigmatisiert fühlen. Wird

---

[6] Überschneidungen verschiedener Heterogenitätskategorien wie etwa Geschlecht, Herkunft und sozialer Status werden unter dem analytischen Konzept der Intersektionalität (s. Glossar, Kap. 13) betrachtet. Demnach kann das Zusammenwirken verschiedener Diskriminierungsformen diese wechselseitig beeinflussen und verstärken (vgl. Winker & Degele 2010).

dagegen von den Mädchen im Schwimmen weniger Leistung erwartet, dann birgt dies die Gefahr, dass sie auch in geringerem Maße gefördert werden, dadurch ihre Motivation verlieren und auch künftig kaum noch Fertigkeiten erwerben. Zu berücksichtigen ist auch, dass Schüler*innen unterschiedliche Erwartungen an Praxen der Bewegungskultur im Wasser mitbringen. Viele fühlen sich, v. a. ab Einsetzen der Pubertät, im Schwimmunterricht fehl am Platz, insbesondere dann, wenn sie sich aufgrund religiös-kulturell bedingter Regelnnicht in knapper Kleidung, wie etwa einem Badeanzug, vor Personen des anderen Geschlechtzeigen wollen und dabei auch noch das Risiko eingehen, einem*einer Mitschüler*in körperlich nahe zu kommen.

All diese hemmenden Faktoren können auch für die Studierenden in den fachpraktischen Schwimmkursen zutreffen, weil auch sie in unterschiedlichem Alter das Schwimmen erlernt haben, unterschiedliche Vorerfahrungen aufweisen und aus unterschiedlichen religiös-kulturell geprägten Milieus kommen.

- Sowohl Sportlehrkräfte als auch Hochschullehrende sollten in der Planung und Durchführung ihres Schwimmunterrichts bzw. ihrer Kurse daher die heterogene Zusammensetzung ihrer Lerngruppe berücksichtigen. Auf die unterschiedlichen Voraussetzungen und Bedürfnisse der Einzelnen sollte von den Lehrenden mit Sensibilität eingegangen werden. Dazu ist es aber nötig, dass angehende Lehrkräfte zunächst um diese Problematik wissen, d. h. dass dies auch Thema im Kurs sein muss, um Stigmatisierungen zu vermeiden und allen eine gleichberechtigte Teilhabe zu ermöglichen. Empfehlenswert ist ein an den jeweiligen Stärken orientierter Ansatz, der die individuellen Potenziale berücksichtigt.
- Die Sportstudierenden sollten vor diesem Hintergrund verstärkt zur Reflexion von Heterogenität im Schwimmen angeregt werden. Denn wenn angehende Lehrkräfte über Wissen um die vielfältigen Wechselwirkungen der Kategorie Geschlecht mit anderen Heterogenitätskategorien verfügen, sind sie für die individuellen Bedürfnisse ihrer Schüler*innen (z. B. bei Vorliegen erst rudimentärer Fertigkeiten im Schwimmen oder bei Einhaltung von Body Rules) sensibilisiert, um mit entsprechenden didaktisch-methodischen Maßnahmen reagieren zu können. Anlass für derartige Reflexionen sollten die unterschiedlichen Voraussetzungen und individuellen Ausgangslagen der Studierenden selbst sein. In Kleingruppen lassen sich dann Lösungsstrategien für spezifische Probleme entwickeln, die dann wiederum im Plenum auf Praktikabilität geprüft werden. Wenn dieser Prozess abgeschlossen ist, dann kann davon ausgegangen werden, dass derartige Alternativen auch ins Handlungsrepertoire der Studierenden übergehen.

Im Schwimmen ist man aufgrund der knappen Schwimmbekleidung einer extremen körperlichen Exponiertheit ausgesetzt, was zu Unbehagen führen kann. Dies ist insbesondere dann der Fall, wenn man glaubt, den geschlechtsbezogenen Körperidealen der jeweiligen Bezugsgruppe nicht zu entsprechen oder wenn Angst vor der Sexualisierung des eigenen Körpers besteht. Dies ist insbesondere während der Pubertät der Fall, denn in dieser Zeit haben viele Schüler*innen aufgrund der eintretenden Veränderungen ein eher unsicheres Verhältnis zu ihrem Körper. Dieser Zustand kann auch über die Pubertät hinaus anhalten und sich bis ins Erwachsenenalter fortsetzen. Diese Unsicherheit kommt nicht nur im Unterricht zum Tragen, sondern u. U. bereits in der Umkleidesituation, da das Umziehen i. d. R. in einer Sammelumkleide erfolgt. Insbesondere Schüler*innen, die ein eher negatives Körperselbstbild haben, entwickeln Strategien, um sich nicht vor anderen zeigen zu müssen. Diese Strategien können mitunter auf Kosten der Unterrichtszeit im Wasser gehen, da manche Schüler*innen erst mit dem Umziehen beginnen, wenn alle anderen die Umkleidekabine verlassen haben.

- Mit Blick auf das Umkleiden ist zu empfehlen, gleich zu Beginn des Schuljahres die Option zu eröffnen, sich in einer Einzelkabine umzuziehen. Sollten die räumlichen Bedingungen dies nicht erlauben, kann ein Sichtschutz (z. B. durch Umzieh-Ponchos) oder ein zeitlich versetztes Umziehen angeboten werden. Um Stigmatisierungen vorzubeugen, ist es wichtig, dass die Lehrkraft den Schüler*innen verdeutlicht, dass es unterschiedliche und sehr berechtigte Gründe gibt, sich nicht vor den Augen aller umziehen zu wollen.
- Es gibt aber immer auch Schülerinnen und Studentinnen, die ihren Körper in besonderem Maße präsentieren und bspw. besonders knappe Schwimmkleidung (Bikinis) tragen. Vor Beginn der ersten Schwimmstunde bzw. der ersten Praxiseinheit an der Universität sollte von den Lehrenden deutlich gemacht werden, dass von jedem*jeder – geschlechtsunabhängig – eine gutsitzende, nicht verrutschende Kleidung für die Teilnahme am Schwimmen erforderlich ist. Tragen Schüler*innen und Studierende Schwimmkleidung, die Arme und Oberschenkel bedeckt, oder etwa Ganzkörperanzüge, wie z. B. Burkinis, sollten die Motive hierfür nicht hinterfragt werden, sondern ihnen die Wahl ihrer Schwimmkleidung zugestanden werden, solange dadurch kein Sicherheitsrisiko entsteht.
- Signalisieren Lernende Unbehagen, wenn sie sich außerhalb des Beckens – etwa bei Erklärungsphasen – in Schwimmbekleidung zeigen müssen, sollte das Tragen eines T-Shirts oder Badetuchs ermöglicht werden. Gerade während der Theorieeinheiten bzw. Kurzpräsentationen im Kurs ‚Schwimmen' an der

Universität gibt es keinen zwingenden Grund, auf das Tragen von Schwimm-
bekleidung zu bestehen. Außerdem wird so auch dem Frieren vorgebeugt.
Damit Schüler*innen und Studierende gar nicht erst in die Situation kommen,
Erlaubnis dafür einholen zu müssen, sollten die Lehrenden zu Beginn des
Schulhalbjahres bzw. des Kurses an der Universität eine entsprechende Option
eröffnen.

- Sportlehrkräfte müssen über Kenntnisse darüber verfügen, dass Schüler*innen
in der Pubertät und Adoleszenz in besonderem Maße für – vielfach medial vermittelte – geschlechtsbezogene Schönheitsideale empfänglich sind. Sie messen
sich und andere an diesen Idealen, was in der Interaktion mit Klassenkame-
rad*innen zu Herabwürdigung, Beschämung, Frustration sowie Sexualisierung
führen und schließlich sogar ein gesundheitlich bedenkliches Ernährungs- und
Sportverhalten auslösen kann (z. B. Anorexie, Bulimie, Sportsucht). Sportlehrkräfte können diesen Themenbereich anlassbezogen thematisieren, auch
um das eigene Verständnis dafür zu zeigen und um ein Bewusstsein dafür in
der Lerngruppe zu schaffen. Durch das Kommunizieren dieser Themen kann
eine vertrauenswürdige Lernumgebung geschaffen werden. Unter Umständen kann der Schwimmunterricht so sogar zu einem Medium werden, um
Körperakzeptanz anzubahnen.

- Insgesamt betrachtet ist für ein gelingendes Lernen im Schwimmunterricht –
im Schulsport wie auch im Sportstudium – von großer Bedeutung, dass eine
Atmosphäre geschaffen wird, die von gegenseitigem Vertrauen gekennzeichnet ist. Dazu gehört, dass sich die Lehrkraft bzw. der*die Dozent*in als
ansprechbar zeigt, sodass Schüler*innen wie auch Studierende etwaige Bedenken äußern können („Wenn ihr euch nicht wohlfühlt, kommt auf mich zu, ihr
könnt mit mir sprechen."). Erst durch die Schaffung solcher Rahmenbedingun-
gen können sich manche Schüler*innen überwinden, am Schwimmunterricht
teilzunehmen, um dann schließlich auch positive Erfahrungen im Wasser zu
machen.

Einteilung von Teams

In Schwimmkursen werden z. B. für das Wasserballspiel oder das Synchronschwimmen Teams gebildet. Außerdem werden bisweilen Tandems bzw.
Kleingruppen zur Demonstration und Korrektur von Techniken eingesetzt (Schüler*innenfeedback).

Sowohl Schüler*innen als auch Studierende neigen dazu, in diesen Situationen
geschlechtshomogene Gruppen zu bilden, was zur Verfestigung geschlechtsbezogener Stereotypen führen kann. Schneidet bspw. beim Wasserball das Team,

in dem sich ausschließlich Schülerinnen/Studentinnen befinden oder ihr Anteil überwiegt, schlechter ab als das konkurrierende, aus Jungen bestehende Team, dann können (unbewusste) Vorurteile aktiviert und perpetuiert werden, wonach Mädchen und Frauen im Schwimmen weniger leistungsfähig sind, während Jungen bzw. Männern eine Überlegenheit hinsichtlich sportmotorischer Kompetenzen unterstellt und auch eingefordert wird.

- Insbesondere im Schulsport ist den Akteur*innen bewusst zu machen, dass es bei Wettkämpfen annähernd gleich leistungsstarker Teams bedarf, um die Spannung im Spiel bzw. Wettkampf aufrechtzuerhalten. Ein Spiel, bei dem der Ausgang nicht offen ist, macht in der Regel keinen Spaß. Deshalb ist zur Bildung von konkurrierenden Teams im Schwimmen das Kriterium Geschlecht ungeeignet. Vielmehr müssen für eine Einteilung die Teammitglieder in ihrem jeweiligen Leistungsvermögen eingeschätzt und dann gleichmäßig auf die Teams verteilt werden. Schüler*innen bzw. Studierende, die über Wettkampferfahrung im Verein verfügen, sollten auf verschiedene Teams verteilt werden.
- Wird dies nicht berücksichtigt, sondern pauschal die Kategorie Geschlecht herangezogen, kann dies darüber hinaus dazu führen, dass leistungsstarke Schülerinnen bzw. Studentinnen ihr volles Potenzial nicht ausschöpfen können, während weniger erfahrene Schüler bzw. Studenten unter Druck geraten, besonders gute Leistungen abliefern und eventuell sogar das Spiel dominieren zu müssen. Darüber hinaus kann eine geschlechtsbezogene Einteilung von Teams TIN* Personen stigmatisieren, weil sie sich einer binären Geschlechtskategorie zuordnen müssen.
- Zur Einteilung von Teams können auch gesteuerte Zufallsverfahren herangezogen werden, weil Lerngruppen in der Schule bzw. Universität immer größere körper- und leistungsbezogene Differenzen aufweisen. Dadurch besteht die Hoffnung, dass sich auf diese Weise annähernd gleichstarke Teams bilden. Ist dies nicht der Fall, muss nachgesteuert werden.
- Im Synchronschwimmen kommt es immer wieder zu Körperkontakt, sodass den Schüler*innen bzw. Studierenden Gelegenheit gegeben werden sollte, die Tandems bzw. Teams, in denen sie agieren, selbst nach Sympathie und gegenseitigem Vertrauen zusammenzustellen.
- Allgemein sollte im Kurs und im Schwimmunterricht auf eine Balance zwischen zufalls- und präferenzbasierter Teambildung geachtet werden. Während der geschlechtsbezogenen Konnotation mancher Disziplinen bewusst entgegengesteuert und geschlechtsheterogene Teams gefördert werden sollten, erfordern andere Kurs- bzw. Unterrichtsphasen u. U. geschlechtshomogene

Gruppierungen, und zwar insbesondere dann, wenn eine enge Kooperation, die auch Körperkontakte einschließt, gefordert ist. Bei derartigen Übungen sollten die Akteur*innen das Recht haben, sich selbst nach Sympathie und Vertrauen einer Gruppe zuzuordnen. Dies ist auch deshalb wichtig, weil Vertrauensbeziehungen in der Gruppe das Erreichen der Lernziele in der Gruppe begünstigen können. Unter Umständen bietet es sich an, für bestimmte Übungen bzw. Spiele die einmal gebildeten Teams über einen längeren Zeitraum hinweg beizubehalten und die Gründe dafür den Akteur*innen transparent zu machen.

Leistungsanforderungen und -beurteilung

Der Leistungssport orientiert sich an binärgeschlechtlich strukturierten Bezugsnormen, die sich im Schwimmunterricht der Schulen bzw. in den Praxiskursen der Universität niederschlagen. So erfolgt z. B. die Benotung des Zeitschwimmens im Rahmen der fachpraktischen Prüfung oder der Eingangsprüfung für das Sportstudium an den Universitäten nach fixen geschlechtsbezogenen Zeitvorgaben. Werden derartige Normen nicht kontextualisiert, läuft man Gefahr, dass Stereotype über eine geschlechtsbezogene Leistungsfähigkeit naturalisiert werden, während die individuellen Voraussetzungen unberücksichtigt, ja verdeckt bleiben. Zudem werden durch solche, an die binäre Geschlechterordnung gebundenen Leistungsbewertungsformen TIN* Personen stigmatisiert.

Oft haben (angehende und praktizierende) Sportlehrkräfte eine wettbewerbsorientierte Sozialisation im Sport durchlaufen und favorisieren deshalb fixe und formale Leistungsvorgaben für den Bewertungsprozess im Schwimmen. Dabei bleibt unberücksichtigt, dass die Schüler*innen in ihren Erfahrungen im Schwimmen, wie auch ihrer körperlich-motorischen Entwicklung in hohem Maße differieren, sodass sich eine Bewertung nach festen Normen eigentlich verbietet. Anstatt auf geschlechtsbezogene Normtabellen zurückzugreifen, sollten Lehrkräfte deshalb bei der Benotung den individuellen Leistungsfortschritt heranziehen. Dies dürfte auch die Motivation der Schüler*innen in erheblichem Maße fördern.

- Ziehen Schulen und Universitäten bei der Leistungsbewertung Normwerte heran, sollte deren Ursprung (etwa als Durchschnittswert der jeweils besten 100 cis-geschlechtlichen Frauen und Männer im Leistungssport) transparent gemacht und diskutiert werden. Dabei sollten Schüler*innen und Studierende, die sich als nicht-binär verorten oder sich im Transitionsprozess befinden, nicht des Betrugsversuchs verdächtigt werden, wenn sie sich selbst einer bestimmten Leistungsgruppe zuordnen. Eine Lösung für diese strittige Frage könnte auch darin bestehen, dass die Zuordnung zu einer der beiden Geschlechtsgruppen auf Basis zuvor erreichter Leistungen erfolgt.

• Grundsätzlich sollte betont werden, dass sportliche Leistungen durch Training entstehen und dass sie nicht durch die biologische Geschlechtszuordnung determiniert sind. Um dies zu verdeutlichen, könnte die Leistungsentwicklung der einzelnen Schüler*innen bzw. Studierenden im Verlauf des Schuljahres/ Semesters dokumentiert werden. Eine weitere Möglichkeit besteht darin, dass bei Demonstrationen in den unterschiedlichen Disziplinen gezielt (aber von der Lehrkraft nicht offengelegt) Schüler*innen oder Studierende als Beispiele herangezogen werden, die von geschlechtsbezogenen Stereotypen abweichen, um so Identifikationsmöglichkeiten zu schaffen. Eine Voraussetzung hierfür ist allerdings, dass sich diese Schüler*innen bereiterklären, als Beispiel zu dienen und dass sie in diesem Prozess nicht bloßgestellt werden.

• Menstruationsbedingt können manche Schülerinnen bzw. Studentinnen nicht die vorgegebene Mindestanforderung an Wasserkontaktzeit erfüllen. Um im Schwimmunterricht trotzdem eine Bewertungsgrundlage zu haben bzw. im Studium Studierenden in ihrem Kompetenzerwerb zu unterstützen, sollten die nicht aktiv Teilnehmenden durch besondere Maßnahmen gezielt in den Unterricht einbezogen werden, z. B. über Beobachtungsaufgaben oder das Anfertigen von Protokollen. Studierende sollten mit Nachdruck auf das Angebot von Stützkursen sowie freien Schwimmzeiten aufmerksam gemacht werden, sodass sie dort die fehlenden praktischen Erfahrungen nachholen können und keine Nachteile bei der Leistungserbringung haben. Da die Menstruation, insbesondere im Rahmen des schulischen Schwimmunterrichts, auch als Grund für die Vermeidung des Schwimmens genutzt wird, sollten sich (angehende) Lehrkräfte im Kurs auch mit dieser Problematik befassen und angemessene Formen des Umgangs damit entwickeln, auch um einem Missbrauch dieses Entschuldigungsgrundes zu begegnen. Insbesondere männliche Lehrkräfte fühlen sich oft unsicher, wie sie mit dieser Thematik umgehen sollen. Daher ist es wichtig, dass das Thema bereits in der Ausbildung und im Austausch mit Kolleg*innen aufgegriffen wird.[7]

10.5   Turnen – Bewegen an Geräten

▶   Tipp

---

[7] Eine vertiefende Auseinandersetzung mit dem Thema *Menstruation* erfolgt in Kap. 9.

- Alle Geräte für alle
- Teilhabe für alle durch Differenzierung
- Hilfestellung durch Mitschüler*innen und indirekte Bewegungshilfen

Vorbemerkung

Das Bewegungsfeld ‚Bewegen an Geräten – Turnen' bietet sehr vielfältige Bewegungs- und Erfahrungsmöglichkeiten, denn neben dem normgebundenen Turnen an Geräten beinhaltet es auch das normungebundene Turnen, z. B. in Gerätelandschaften (unter Einbeziehung des Trampolins und des Minitrampolins), ferner Elemente der Sportarten Le Parkour und Akrobatik. Die in diesen verschiedenen Einzeldisziplinen erworbenen Übungen und Kunststücke können auch in Bewegungsgestaltungen zusammengeführt und in Form von Einzel-, Partner*innen- oder Gruppengestaltungen – mit und ohne Musik – präsentiert werden.

Turnen – eine binärgeschlechtlich strukturierte Sportart?

Dem vereinsorganisierten normierten Leistungsturnen sind geschlechterbinäre Strukturen inhärent, was sich v. a. darin äußert, dass Geräte und Übungen sowie die Vorschriften zur Bekleidung für Frauen und Männer unterschiedlich sind. So sind für Männer im Wettkampf folgende sechs Geräte vorgeschrieben: Boden, Pauschenpferd, Ringe, Sprung, Barren und Reck. Die Übungen an diesen Geräten erfordern ein hohes Maß an Kraft und Kraftausdauer. Frauen hingegen turnen an vier Geräten, nämlich Sprung, Stufenbarren, Schwebebalken und Boden, wobei am Boden meist noch eine zur Musik passende Choreografie präsentiert werden muss. Im Wettkampfsport besteht also in dieser Sportart eine Differenzierung nach Geschlecht, d. h. es gibt das Männerturnen einerseits und das Frauenturnen andererseits. Der Wettkampfsport in den Vereinen sowie dessen mediale Repräsentanz führen dazu, dass diese Zweiteilung und die damit verbundenen geschlechtsbezogenen Stereotype (Männerturnen = Kraft; Frauenturnen = Ästhetik) auch in die Settings Schule und Universität hineingetragen werden.

Wird das Turnen jedoch losgelöst vom modernen vereinsorganisierten und wettbewerbsmäßig betriebenen Sport betrachtet, dann bietet es aufgrund der Vielfalt der Bewegungsmöglichkeiten an den verschiedenen Geräten und am Boden ein nahezu unerschöpfliches Potenzial für Körpererfahrungen, Bewegungskunststücke, das Bewegungslernen sowie zur Förderung sportmotorischer Fähigkeiten. Werden im Sportunterricht alle Geräte – unabhängig von deren geschlechtsbezogener Zuschreibung im Wettkampfsport – genutzt, dann eignet sich das Turnen sogar in besonderem Maße für ein Aufbrechen geschlechtsbezogener Vorstellungen. Dazu ist es aber nötig, dass das Gerätturnen in der Ausbildung der Sportlehrer*innen inhaltlich von dem in den Vereinen wettbewerbsmäßig betriebenen Turnen unterschieden wird. Die Ausbildung in den fachpraktischen Kursen an der Universität muss sich an der Vielfalt turnerischer Übungen und Geräte orientieren. Nur so kann den Studierenden die Breite des Repertoires an Übungen, die für den schulischen Sportunterricht geeignet sind, nahegebracht werden.[8]

Geschlechtsbezogene Erwartungen und Effekte im Turnen
Aufgrund der unterschiedlichen sportbezogenen Sozialisation der Studierenden ist davon auszugehen, dass im fachpraktischen Kurs ‚Turnen' Studierende mit unterschiedlichen Erfahrungen und sehr heterogenen sportmotorischen Fähigkeiten und Fertigkeiten aufeinandertreffen. Auch ist damit zu rechnen, dass stereotype Vorstellungen reproduziert werden, wonach Turnen eine weiblich konnotierte Sportart ist, die u. U. ablehnende Tendenzen bei den Studierenden aktiviert. Irritationen können auch entstehen, wenn ein Student bzw. eine Studentin ein hohes Fertigkeitsniveau an einem Gerät zeigt, das im wettkampfmäßig betriebenen Sport dem jeweils anderen Geschlecht zugeordnet ist.

Die Sozialisation geschlechtsbezogener Stereotype kann dazu führen, dass sowohl Schüler*innen als auch Studierende mit dem körperlichen Erscheinungsbild ihrer Mitschüler*innen bzw. Kommiliton*innen (unbewusst) spezifische Fähigkeiten und Fertigkeiten assoziieren. So kann z. B. weiblich gelesenen Personen mehr Beweglichkeit und männlich gelesenen mehr Kraft zugeschrieben werden, wodurch wiederum binärgeschlechtlich strukturierte Erwartungen reifiziert werden können.

Auch können sich als männlich verortende Schüler und Studenten im Laufe ihrer geschlechtsbezogenen Sozialisation Verhaltensweisen internalisiert haben, die einer hegemonial männlichen Identitätskonstruktion entsprechen, was u. U. dazu führt, dass sie glauben, schwierige sportbezogene Fertigkeiten im Turnen präsentieren zu müssen (z. B. Salto oder Handstand am Parallelbarren), obwohl sie dazu eigentlich (noch) nicht in der Lage sind. Die Folgen eines solchen Verhaltens sind meist Verletzungen, die aufgrund der im Turnen häufig vorkommenden Überkopfbewegungen gravierend sein können. Dagegen zeigen sich weiblich gelesene sowie TIN* Personen auch bei höherem Kompetenzniveau u. U. zurückhaltender und unterfordern sich bisweilen. Dies führt dazu, dass sie in der Weiterentwicklung ihrer Kompetenzen stagnieren.

---

[8] Eine umfassende Auseinandersetzung mit dem Turnen im Schulsport findet sich z. B. bei Schmidt-Sinns (2016) sowie bei Bruckmann, Dieckert und Herrmann (1991).

• Wird ein Verhalten beobachtet, bei dem es zu einer Artikulation von Stereotypen kommt, dann kann dies von der Lehrperson als Anlass für eine Reflexion
genutzt werden. Dabei sollte den Studierenden vermittelt werden, dass auch
im späteren Unterricht darauf zu achten ist, dass im Turnen die Reaktivie-
rung von Geschlechterstereotypen naheliegt. Es sollte v. a. deutlich gemacht
werden, dass es nicht das Geschlecht ist, das die Realisierung oder Nicht-
Realisierung bestimmter Übungen oder die an einem Gerät zu erwartenden
Kompetenzen bedingt, sondern die individuellen Fähigkeiten der jeweiligen
Übenden.

Eine Besonderheit im fachpraktischen Kurs ‚Turnen' besteht darin, dass die
vermittelten Bewegungsformen und Übungen für die allermeisten Studierenden
technisch sehr herausfordernd sind. Dies bietet wiederum ein besonderes Potenzial für individuelle Lernzuwächse und für Erfolgserlebnisse. Allerdings bedarf es
dazu geeigneter, differenzierter Aufgaben, die zwar herausfordernd sein sollten,
aber auch erreichbar sein müssen, sodass ein Kompetenzerleben für alle, unabhängig von Geschlecht und Vorerfahrung ermöglicht wird. Wird dem im Kurs
nicht in genügendem Maße Rechnung getragen, kann Demotivation entstehen,
die zur Folge hat, dass das Turnen von Studierenden abgelehnt und später auch
kaum unterrichtet wird.

Turnen als Chance für ein Bewegen jenseits von Geschlechterstereotypen
Da das Turnen im Vergleich mit anderen Sportarten und Bewegungsfeldern im
schulischen Sportunterricht, insbesondere der Sekundarstufe II, eher selten thematisiert wird,[9] kommen die meisten Studierenden mit nur wenig Erfahrung,
Kenntnissen und Fertigkeiten in diesem Bereich in die universitären Turnkurse.
Diese geringen Vorerfahrungen sind jedoch nicht nur als Nachteil zu erachten.
Vielmehr bietet die geringe Fixierung auf einen festen Kanon von Übungen
die Chance, offen auf neue Herausforderungen zu reagieren und – vermittelt
durch eine geschlechtsunabhängige Verwendung der Geräte – ganz neue, unge-
wohnte Körpererfahrungen zu machen, die sich von früheren Erfahrungen mit
geschlechtstypischen Bewegungen unterscheiden. Dies bereichert das individuelle Bewegungsrepertoire und beschleunigt die Abkehr von einem Denken in
Geschlechterstereotypen. Umso mehr sich angehende Lehrkräfte unvoreingenom-
men mit der Vielfalt des Turnens auseinandersetzen, desto eher können sie ihre
Schüler*innen später für dieses Bewegungsfeld begeistern.

---

[9] Vgl. hierzu Menze-Sonneck (2001).

- So kann bspw. die Thematisierung der Sportart Parkour im fachpraktischen Kurs ‚Turnen' und im Schulsport dazu beitragen, das Stereotyp vom klassischen, normgebundenen Turnen aufzubrechen. Hier können neue Bewegungserfahrungen gemacht werden, die neben konditionellen und koordinativen Fähigkeiten auch ein hohes Maß an Mut erfordern, denn es müssen – unter Einschätzung der eigenen Kompetenzen – durchaus Wagnisse eingegangen werden. Da diese Sportart auch in sozialen Medien sehr präsent ist, kann über Parkour unmittelbar an die Lebenswelt der Jugendlichen sowie an jugendkulturelle Praxen angeknüpft werden und die Schüler*innen bekommen Gelegenheit, das im Sportunterricht Gelernte in der Freizeit anzuwenden.

- Bei der Thematisierung alternativer Formen des Turnens im fachpraktischen Kurs sollten allerdings auch die traditionellen Formen nicht ignoriert werden. Im Rahmen der Hochschullehre bietet es sich z. B. an, die geschlechtsbezogenen Stereotypen, was Leistungserwartungen und Bewegungserfahrungen betrifft, bezüglich der dabei ablaufenden Prozesse des doing gender kritisch zu reflektieren und den Studierenden Gelegenheit zu geben, sich selbst dazu zu positionieren.

Wie umgehen mit Körperkontakt?

Beim Turnen spielt körperliche Nähe eine große Rolle, denn das Eingehen und Zulassen von Körperkontakt ist sowohl im Bereich des Helfens und Sicherns als auch bei Partner*innen- oder Gruppenübungen notwendig. Dieses Thema ist mit angehenden Sportlehrkräften ausführlich zu erörtern. Folgende Grundsätze sind nach Menze-Sonneck (2016, 121 ff.) dabei zu beachten: Aufgrund möglicher Berührungsängste sollte das gegenseitige Helfen und Sichern behutsam eingeführt werden. Dazu bieten sich v. a. spielerische und vertrauensbildende Übungsformen an (vgl. Schmidt-Sinns, 2016, S. 88 f.). Um Körperkontakt zu vermeiden, kann die Hilfestellung auch über indirekte Bewegungshilfen erfolgen (z. B. durch Handstand an der Wand; Rolle vorwärts/rückwärts mithilfe einer schiefen Ebene). Solche Bewegungshilfen können Lernenden, für die Körperkontakt ein Problem darstellt, als Differenzierungsmöglichkeit gegeben werden.

Die Hilfestellung durch die Lehrkraft im Sportunterricht stellt einen besonders sensiblen Bereich dar, denn es ist nicht auszuschließen, dass Berührungen durch die Lehrkraft von Schüler*innen als sexualisiert empfunden und daraufhin indiziert werden.[10] Die Hilfestellung sollte deshalb durch Mitschüler*innen erfolgen.

---

[10] Zu dieser Problematik vgl. Schmidt-Sinns (2016, S. 91 f.).

Damit sie in der Lage sind, einander zu sichern und zu helfen, ist es notwendig, dass allen Schüler*innen die fachlich korrekte Hilfestellung vermittelt wird. Lehrkräfte sollten nur auf expliziten Wunsch einer*s Schüler*in Hilfestellung geben.

Der beim Turnen vielfach notwendige Körperkontakt führt auch dazu, dass die Adressat*innen bei bestimmten Übungen mit dem*der Partner*in oder Gruppenarbeitsaufträgen, sofern eine freie Gruppierung angesagt ist, geschlechtshomogene Tandems oder Gruppen bilden. Dieser Prozess kann einerseits zur Stigmatisierung jener Personen führen, die sich nicht dem binären Geschlechtersystem zuordnen, andererseits mit dem Geschlecht assoziierte Vorurteile verfestigen. Deshalb sollten folgende didaktisch-methodische Grundätze beachtet werden:

- Schon zu Beginn des Kurses bzw. der Einführung in die Unterrichtseinheit sollten die Lehrkräfte bzw. Lehrenden mit den Adressat*innen Absprachen darüber treffen, wie mit Körperkontakt umzugehen ist.
- Was die Hilfestellung betrifft, so sollte ausreichend Zeit zur Verfügung stehen, um die richtigen Griffe einzuführen und im Bewusstsein zu verankern. Nur so können Schüler*innen und Studierende Handlungssicherheit erlangen.[11]
- Es sollte eine Kultur der Rücksichtnahme auf Gefühle etabliert werden. D. h. das Gefühl, dass sich z. B. „etwas nicht richtig anfühlt" bei Körperkontakt, Nähe und Hilfestellung, sollte unumwunden, frei und ohne Angst vor Beschämung geäußert werden können. Wenn im Unterricht von Anfang an derartige Inhalte kommuniziert werden, ist eine wichtige Voraussetzung geschaffen, damit sich alle wohlfühlen.
- Insbesondere zu Beginn einer Unterrichtseinheit im Turnen bzw. zu Beginn des fachpraktischen Kurses sollte ein Zusammenfinden in Sympathiegruppen ermöglicht werden, um eine vertrauensvolle Atmosphäre zu schaffen. Dies gilt auch für alle Übungen mit häufigem Körperkontakt und intensiver Hilfestellung, wie dies z. B. bei der Akrobatik der Fall ist. Auch hier bieten sich auf Sympathie basierende Gruppen an, weil dort eher ein gegenseitiges Vertrauen besteht, was wiederum eine wesentliche Voraussetzung dafür ist, dass sich die Adressat*innen auf die Aufgabenstellung einlassen.

---

[11] Vgl. zur Einführung von Helfergriffen bei Grundschulkindern Gehrling (2006). Eine Zusammenstellung und Erläuterung der grundlegenden Helfergriffe findet sich bei Schmidt-Sinns (2016, S. 80 ff.).

- Darüber hinaus können auch Zufallsverfahren herangezogen werden, die keinerlei Rückschlüsse auf geschlechtsbezogene Erwartungen oder Lernvoraussetzungen der Schüler*innen und Studierenden erlauben. Diese stellen ein praktikables zeitökonomisches Mittel dar, um Gruppen zu bilden. Mit Hilfe von Zufallsverfahren lässt sich auch zeigen, dass die intrageschlechtlichen Differenzen in den turnerischen Fertigkeiten in der Regel größer ausfallen als die intergeschlechtlichen.

Bekleidung im Turnen

Über die Art und Weise, wie man sich kleidet, wird u. a. auch die Geschlechtszugehörigkeit kommuniziert. Dies geschieht auch im Sportunterricht bzw. in den fachpraktischen Kursen der Universität. Wenn man an geschlechtsbezogene Modetrends denkt, wie bauchfreie Tops, extrem kurze Shorts, durchsichtige Materialien, tiefe Ausschnitte, lange Fingernägel, Piercings und Schmuck, so dürfte einleuchtend sein, dass derlei Outfit im Sport, insbesondere im Turnen, unangebracht ist und auch ein Sicherheitsrisiko darstellt. Darüber hinaus können freizügige Kleidungsstücke aufgrund der Körperkontakte im Turnen zu einem sexualisiert aufgeladenen Unterrichtsklima führen. Deshalb gilt es, zu Beginn des Kurses bzw. Schuljahres gemeinsam Regeln für die Bekleidung festzulegen.

- Grundsätzlich gilt, dass Kleidung im Turnen enganliegend sein sollte, da die Kleidung dann nicht verrutschen kann und eine Entblößung vermieden wird (z. B. bei Überkopfbewegungen), vor allem aber weil durch eng anliegende Kleidung Unfälle vermieden werden können. Ferner sollte die Kleidung die Haut bedecken (z. B. für das Reckturnen: Bauch und Kniekehlen), um Hautverletzungen etwa an Reck, Barren und Kasten zu vermeiden.
- Personen, die es ablehnen, sich in enganliegender Kleidung zu präsentieren, sollten jedoch die Option haben, auf weit geschnittene Kleidung zurückgreifen zu können. Allerdings ist dann darauf hinzuweisen, dass dadurch das Geben von Hilfestellung schwieriger wird. Als Lehrkraft kann man in solchen Fällen den Hinweis geben: „Tragt Kleidung, in der ihr euch wohlfühlt. Sie sollte eher enger anliegend sein, weil Hilfestellung nah am Körper stattfindet."

Geräteauswahl

Die Geräte des normierten Leistungsturnens passen oft nicht zu den körperbezogenen Voraussetzungen der Schüler*innen und Studierenden. Vielmehr produzieren sie Über- oder Unterforderung. So wird z. B. der Erfolg bei einer

Übung am Reck oder Barren auch von der Körpergröße des*der Übenden, an anderen Geräten z. B. von der individuellen Sprungkraft beeinflusst. Derartige Unterschiede, die für Gelingen bzw. Misslingen einer Übung mitverantwortlich sind, sollten jedoch nicht in Bezug auf ein bestimmtes Geschlecht thematisiert, sondern individuell adressiert werden. Außerdem sollten die Anforderungen, die mit bestimmten Übungen an bestimmten Geräten verbunden sind (z. B. Körpergröße, Kraft und Beweglichkeit) im Unterricht bzw. Kurs thematisiert werden. Die geschlechtsbezogene Zuordnung von Geräten und Übungen im traditionellen Gerätturnen sollte in Bezug auf den Schulsport sowohl auf ihren pädagogischen Nutzen als auch in Bezug auf Sicherheitsaspekte kritisch reflektiert werden. Damit vielfältige – geschlechtsunabhängige – Bewegungserfahrungen gemacht und Erfolgserlebnisse realisiert werden könnten, sollten alle Geräte für alle zugängig sein. Für sämtliche Aufgaben müssen Differenzierungsmöglichkeiten offeriert werden, sodass alle teilhaben können.

Lehrende sollten einen regelmäßigen Austausch unter den Lehramtsstudierenden bezüglich der Differenzierung der Aufgaben und des Umgangs mit Geräten und Materialien initiieren, um so die künftigen Lehrkräfte mit Handlungsalternativen für den späteren Beruf vertraut zu machen und sie für bestehende körperliche Unterschiede zwischen den Schüler*innen zu sensibilisieren, ohne dabei in Pauschalisierungen nach Geschlecht zu verfallen.

Auch bestehende Fragen bzw. Ängste im Hinblick auf Sicherheitsaspekte und Hilfestellung an verschiedenen Geräten sollten immer wieder adressiert und so minimiert werden. Die wichtigsten Griffe bei der Hilfestellung sollten verbal beschrieben, begründet, demonstriert und von jeder*jedem mehrfach ausgeführt werden. Außerdem sollten die Griffe graphisch dargestellt und in einem Handout festgehalten werden.

Leistungsbewertung

Geschlechtsbezogene Normwertorientierungen führen dazu, dass unterschiedliche (Leistungs-)Erwartungen an weibliche und männliche Studierende gerichtet werden: So werden bspw. bei der Leistungsbewertung im Rahmen einer fachpraktischen Prüfung beim Sprung zum Teil unterschiedliche Anforderungen an Studentinnen und Studenten gestellt. Dies kann nicht nur Stereotype reifizieren, sondern führt u. U. auch zu einer individuellen Unter- oder Überforderung. Ferner stellt die Orientierung an binärgeschlechtlich strukturierten Normen auch eine besondere Herausforderung für TIN* Personen dar.

• Beim Setzen von Anforderungen in der fachpraktischen Ausbildung sollten von den Lehrenden die eigenen (unbewussten) geschlechtsbezogenen

Leistungserwartungen reflektiert und ggf. zurückgestellt werden. Im fachpraktischen Kurs des Sportstudiums sollten in diesem Zusammenhang auch angenommene geschlechterbezogene Vor- und Nachteile offen kommuniziert und reflektiert werden.

- Statt Geschlecht als Auswahlkriterium für die auszuführenden Übungen an bestimmten Geräten zu wählen, könnte z. B. die Körpergröße ein entscheidender Faktor für die Geräteauswahl sein. Die Studierenden und später auch die Schüler*innen könnten selbst Geräte auswählen, in denen sie eine Leistung erbringen wollen. Dabei können individuelle Vorlieben und Kriterien wie z. B. Körpergröße, die bei manchen Geräten als limitierender Faktor gilt, zum Tragen kommen.
- Beispiele für geschlechtsunabhängige Bewertungen im Rahmen von Turnwettkämpfen lassen sich bei den Ausschreibungen zu den Bundesjugendspielen im Gerätturnen finden (vgl. Bundesjugendspiele, 2024).

Zusammenfassung

Die Einheiten im Bewegungsfeld ‚Bewegen an Geräten – Turnen‘ sollten stets so geplant werden, dass alle Adressat*innen – unabhängig von ihrer Geschlechtszugehörigkeit – in gleichem Maße gefördert und gefordert werden und sich in ihren Stärken erfahren können. Dies erfolgt über das Anbieten von Wahl- und Differenzierungsmöglichkeiten.

Der individuelle Fortschritt von Lernenden, die im Turnen wenig Erfahrung haben und daher eher zurückhaltend agieren, sollte in besonderem Maße wertgeschätzt und durch positives Feedback verstärkt werden.

Im Rahmen einer positiven Fehlerkultur werden immer auch Maßnahmen der Bewegungskorrektur notwendig sein. Um Bloßstellungen zu vermeiden, sollten für die dazu notwendigen Bewegungsdemonstrationen allerdings nur solche Personen gewählt werden, die sich freiwillig dafür melden oder einer diesbezüglichen Anfrage offen gegenüberstehen.

Es ist wichtig, dass sich die Lernenden gegenseitig regelmäßig Feedback über ihre Lernfortschritte geben. Hierzu kann es sinnvoll sein, dass jede*r eine Person des Vertrauens wählt oder dass Stammgruppen eingerichtet werden, in denen das Feedbackgeben und -einholen zur Selbstverständlichkeit wird. Solche Stammgruppen haben den Vorteil, dass individuelle Fortschritte besser wahrgenommen und auch anerkannt werden. Auch entwickeln Studierende, die einander regelmäßig Feedback geben, ihre Kompetenzen in der Beobachtung und Korrektur von Bewegungen schrittweise weiter, was für ihren späteren Unterricht im Turnen von großem Vorteil ist.

Durch eine Methodenvielfalt können Schüler*innen und Studierenden unterschiedliche Verfahren des Bewegungslernens offeriert werden, wodurch individuelle Wege zu einem erfolgreichen Abschluss des Lernprozesses entstehen. Außerdem werden die Lernenden durch die Vielfalt der Zugänge auch ermutigt, Bewegungserfahrungen in Bereichen zu sammeln, die außerhalb der traditionellen Geschlechterstereotypen im Turnen liegen.

Die Lehramtsstudierenden müssen während des fachpraktischen Kurses immer wieder ermutigt werden, in Kleingruppen ihre unterschiedlichen Perspektiven auf das Turnen zu diskutieren (z. B. bezogen auf die individuell verschiedenen Herausforderungen). Dies hilft ihnen auch, im Hinblick auf die Heterogenität von Schulklassen inklusive Übungsformate zu entwickeln und zu erproben, die dann im späteren Beruf zum Einsatz kommen können.

10.6 Gymnastik/Tanz – Gestalten, Tanzen, Darstellen

► **Tipp**

- Breites Angebot schaffen
- Raum für Selbsterfahrung und Kreativität bieten
- Teilhabe für alle durch Differenzierung
- Kooperation fördern

Geschlechtsbezogene Erwartungen und Effekte

Das Bewegungsfeld ‚Gestalten, Tanzen, Darstellen – Gymnastik/Tanz, Bewegungskünste' unterliegt im Alltagsverständnis einer weiblichen Konnotation, was auch geschlechtsbezogenen Disziplinen – wie der rhythmischen Sportgymnastik – und der medialen Repräsentation geschuldet ist. Diese Konnotation hat zur Folge, dass dieses Bewegungsfeld als Teil des Mädchen- und Frauensports erachtet und allein schon dadurch abgewertet wird. Dies dürfte die Haltung und Einstellung vieler Schüler*innen und Studierender diesem Bewegungsfeld gegenüber negativ beeinflussen. Es ist daher nicht verwunderlich, dass nur wenige Schüler*innen bzw. Studierende über Vorerfahrungen im Bereich des rhythmischen Bewegens bzw. des Tanzen verfügen, etwa durch ein Engagement im Verein oder in der Tanzschule. Entsprechend zeigen die Akteure*innen in den Lerngruppen oft nur geringe Kenntnisse und Fertigkeiten. Das Kompetenzniveau streut u. U. breit, und oft ist die Bereitschaft, sich auf diese Inhalte einzulassen, sehr gering. Dies betrifft v. a. Schüler im Sportunterricht der Sekundarstufe I[12], was wiederum auf die weibliche Konnotation dieses Bewegungsfeldes verweist.

- In Schule und Studium sollte die ganze inhaltliche Bandbreite dieses Bewegungsfelds aufgezeigt werden und auch Tanzformen aus unterschiedlichen Epochen und Kulturen sollten vermittelt werden, um geschlechtsbezogene Konnotationen infrage zu stellen. Tanz und verschiedene Formen der Bewegungsgestaltung eignen sich, um neue Körpererfahrungen zu machen und durch Irritationen Routinen zu durchbrechen. Dies geschieht dadurch, dass der Körper – anders als in anderen Bewegungsfeldern – als individuelles Ausdrucksmedium eingesetzt wird. Auf diese Weise kann eine Auseinandersetzung mit unterschiedlichen Körperkonzepten erfolgen.
- Geschlechtsbezogenen Konnotationen kann entgegengewirkt werden, indem mit unterschiedlichen Tanzstilen verbundene Anforderungen reflektiert werden: Einige Tanzformen verlangen in höchstem Maße konditionelle Fähigkeiten, wie Kraft und Ausdauer (z. B. Jumpstyle), andere wiederum turnerische Fähigkeiten und Fertigkeiten (z. B. Capoeira) oder v. a. koordinative Fähigkeiten (z. B. Step-Aerobic) und wiederum andere ein starkes körperliches Ausdrucksvermögen (z. B. Modern Dance). Die unterschiedlichen Anforderungen können als Ausgangspunkt genommen werden, um zu veranschaulichen, dass Vorerfahrungen sowie Fähigkeiten und Fertigkeiten aus unterschiedlichen Sportarten genutzt werden können, die unabhängig von vergeschlechtlichten Konnotationen sind.
- Zur Dekonstruktion geschlechtsbezogen konnotierter Inhalte, bei denen eine traditionell männliche und weibliche Rolle adressiert ist (u. a. Folkloretanz, Standardtanz, lateinamerikanischer Tanz) bietet sich im schulischen Sportunterricht sowie in den fachpraktischen Kursen im Sportstudium die Verwendung einer geschlechtsneutralen Sprache an: Ein Beispiel dafür bietet der moderne Standardtanz, der anstelle der geschlechtsspezifischen Bezeichnungen die Begriffspaare „lead" und „follow" eingeführt hat (Kaminsky, 2020, S. 132 ff.).
- Lehrpersonen sollten zudem darauf achten, dass beim Paartanz regelmäßig Rollenwechsel stattfinden, um auch geschlechtsinkongruente Erfahrungen zu initiieren. Im Queeren Paartanz bzw. im Queer Tango erfolgen z. B. regelmäßig geschlechtsunabhängige Wechsel der Partner*innen, wodurch die Tänzer*innen angeregt werden, sich auf den Tanzstil eines*e neuen*r Partner*in einzulassen (Pereira-García et al., 2022).

---

[12] Vgl. Kastrup und Kleindienst-Cachay (2021, S. 118 ff.).

- Beim Unterrichten – wie auch bei der Erstellung von Choreografien – sollte darauf geachtet werden, dass kontrastierende Bewegungen, die mit Begriffen, wie hart vs. weich oder fließend vs. stockend umschrieben werden können, an die Bewegungsgewohnheiten der verschiedenen Adressat*innen anknüpfen. In der Grundschule kann man mit bildlichen Vorstellungen, wie z. B. „Bewegt euch wie ein Elefant!" oder „Bewegt euch wie eine Feder!", bestimmte Assoziationen hervorrufen, die zu kontrastierenden Bewegungsformen anregen. In den Sekundarstufen I und II kann man dagegen ohne Vorgabe bildlicher Vorstellungen auskommen: allein durch das Einspielen von Musik unterschiedlicher Stilrichtungen dürften dann die zur entsprechenden Musik passenden Bewegungen von den Schüler*innen gefunden und ausgeführt werden. Angeregt werden so einerseits eher leichte/weiche/fließende Bewegungen, andererseits schwere/harte/stockende Bewegungen. Aufgaben mit kontrastierenden Bewegungsformen, die im Alltagsverständnis mit geschlechtsbezogenen Konnotationen in Verbindung gebracht werden, bieten sich zudem dazu an, Geschlechterstereotype zu thematisieren.
- Nicht nur Schüler*innen während der Pubertät, sondern auch wenig erfahrenen Studierenden fällt es bisweilen schwer, sich in Körperpräsentationen zu zeigen. Es bedarf deshalb einer sensiblen Vorgehensweise, um diese Gruppe zum Gestalten mit Bewegung und zum Tanz zu motivieren. Geeignet hierfür sind Aufgabenstellungen, die den eigenen Körper zunächst etwas aus dem Fokus rücken und die Aufmerksamkeit vielmehr auf etwas anderes lenken. Dies geschieht durch den Einsatz von geschlechtsunspezifischen Geräten oder Alltagsgegenständen in Verbindung mit Aufgaben aus dem tänzerischen Bereich. Insbesondere zu Beginn einer Unterrichtseinheit im Tanzen bzw. zu Beginn eines Kurses an der Universität ist diese Vorgehensweise zu empfehlen. Es können z. B. Tücher, Mützen/Hüte, andere Bekleidungsgegenstände, Stühle und weitere Alltagsmaterialien sowie Sportgeräte, die aus anderen Kontexten bekannt sind, wie z. B. Bälle, Tennisschläger oder Hanteln, für einen Einstieg mit Bewegungsaufgaben herangezogen werden. Ein bekanntes Beispiel für eine Verbindung von rhythmischem Bewegen und Ballbehandlung bilden die Bewegungsfolgen im BallKoRobics, bei dem Elemente des Aerobic zu Musik mit Konditions- und Koordinationsübungen mit dem Ball kombiniert werden (vgl. hierzu Mertens, 2021). Durch den Einsatz solcher Verbindungen wird von der Körperzentrierung beim Gestalten abgelenkt, an die Vorerfahrungen der Akteur*innen angeknüpft und so ein entspanntes Lernumfeld geschaffen. Auf diese Weise kann den Bedürfnissen wenig erfahrener Lerngruppen Rechnung getragen und gleichzeitig Neues vermittelt werden. Solche Einstiege in die Thematik fördern zudem das Kompetenzerleben und stärken das Vertrauen

in die eigenen Fähigkeiten, was beim Thema Gestalten und Tanzen aufgrund der vielfach vorliegenden Hemmungen besonders wichtig ist.

- Wenn es das Thema erlaubt, dann sollte aktuelle Musik (z. B. aus den Charts) verwendet werden, um an die Alltagswelt der Schüler*innen und Studierenden anzuknüpfen und so die Attraktivität des Bewegungsfelds Tanzen zu erhöhen. Dabei ist neben der Prüfung hinsichtlich eines passenden Tempos und einer klaren Struktur der Musik auch darauf zu achten, dass bei Verwendung von Vokalmusik die Songs keine sexistischen Texte, Beleidigungen oder Schimpfwörter enthalten. Als Sportlehrkraft ist es daher unumgänglich, die von Schüler*innen vorgeschlagenen Songs hinsichtlich des Textinhalts vorher genau zu prüfen. Ähnliches gilt für die Kurse an der Universität: In den fachpraktischen Kursen sollten die Studierenden auf dieses Problem hingewiesen werden, insbesondere auch mit Blick auf ihre Musikauswahl für die lehrpraktische bzw. fachpraktische Prüfung.

- Was das Präsentieren von Ergebnissen des Gestaltungsprozesses betrifft, so sollten – um Hemmungen abzubauen – selbst entwickelte kleinere Choreographien über das Semester hinweg immer wieder einmal vor kleineren Gruppen des Kurses gezeigt werden. Dadurch kann Feedback eingeholt und darauf aufbauend die Gestaltung weiter verbessert werden, bevor dann schließlich das Endergebnis dem Plenum präsentiert wird. Auf diese Weise wird schrittweise auf die Präsentation bei der Abschlussprüfung vorbereitet, die u. U. vor einem größeren Publikum stattfindet.

- Insofern sich die angehenden Lehrkräfte im Kurs vertieft mit den bildenden Potenzialen des Tanzens auseinandersetzen und diese am eigenen Leib erfahren, besteht die Chance, dass sie später an der Schule der marginalisierten Position dieses Bewegungsfeldes entgegenarbeiten können. Mit dem Wissen um den zentralen Körperbezug dieser Disziplin und vor dem Hintergrund der eigenen Erfahrung kann das rhythmische Bewegen und Tanzen im Sportunterricht so eingesetzt werden, dass auch weitergehende Effekte – etwa im Hinblick auf die individuelle Körperwahrnehmung von Schüler*innen – erzielt und geschlechtsbezogene Vorurteile gegenüber dem Tanzen abgebaut werden.

Einteilung von Kleingruppen

In einem so stark mit geschlechterstereotypen Vorstellungen besetzten Bewegungsfeld wie dem Tanz ist es verständlich, dass Schüler*innen bzw. Studierende dazu tendieren, sich in (immer wieder gleichen) geschlechtshomogenen Gruppierungen zusammenzufinden. Dies stellt insofern ein Problem dar, als hierdurch

Interaktionen mit anderen Mitgliedern der Lerngruppe verhindert und Erfahrungsräume eingeschränkt werden. Dies verunsichert zudem TIN* Personen, die eine
solche Praxis beobachten und sich dann einer Geschlechterkategorie zuordnen
müssen. Auch können über die geschlechtshomogene Gruppenbildung binäre Stereotypen perpetuiert werden, wonach Jungen und Männern in der Regel mehr
großräumige und kraftvolle Bewegungen zugeschrieben werden, während für
Mädchen und Frauen eher leichte, fließende Bewegungen als typisch gelten.

- Um dem vorzubeugen, bietet es sich an, in den ersten Stunden eines Unterrichtsvorhabens im Tanz bzw. den ersten Sitzungen eines Praxiskurses an
der Universität immer wieder zur Bildung neuer, insbesondere geschlechts-
heterogener Gruppen anzuregen, damit die Schüler*innen und Studierenden
die Gelegenheit erhalten, einander kennenzulernen und durch die wechseln-
den Interaktionspartner*innen immer wieder neue Impulse für das kreative
Bewegen bekommen. Dadurch wird in der Lerngruppe eine Vertrauensbasis
für die Bearbeitung späterer Aufgaben in geschlechtsheterogenen Gruppen
geschaffen.

- Um dem Wunsch nach einer vertrauten Person bei der Lösung von Bewe-
gungsaufgaben oder beim Üben nachzukommen, kann den Schüler*innen/
Studierenden bei einer im Tandem auszuführenden Aufgabe die Wahl des*der
Partner*in selbst überlassen werden. Dies gibt vor allem in der Anfangsphase
mehr Sicherheit. Jedem der Paare wird im Laufe des Unterrichts ein ande-
res Paar zugeteilt, sodass es durch die Kombination aus eigener Wahl und
Zuteilung durch die Lehrkraft zur Bildung von Kleingruppen kommt, deren
Zusammensetzung geschlechterheterogen ist.

- Bei körperkontaktintensiven Aufgabenstellungen, wie z. B. der Erarbeitung
von Hebefiguren, sollten Schüler*innen bzw. Studierende ihre Partner*innen
prinzipiell selbst auswählen dürfen, um in einer vertrauensvollen Atmosphäre
kreative Lösungen entwickeln und üben zu können.

- Um geschlechtsbezogene Stereotype gar nicht erst aufkommen zu lassen, sollten keine Zuweisungen zu bestimmten Rollen (z. B. bei Hebefiguren) erfolgen,
sondern die Schüler*innen bzw. Studierenden sollten stets die Option haben,
ihre Fähigkeiten selbst einzuschätzen und gewinnbringend in eine Choreogra-
phie zu integrieren. Im Falle von Hebefiguren könnte die Lehrperson vorab
auf die Bedeutung der Hebelverhältnisse verweisen und bestimmte Techniken
vermitteln (auch im Hinblick auf die Vermeidung von Verletzungen) sowie
dazu anregen, diese zunächst mit leichteren Personen zu erproben. Von der
Lehrkraft sollte dabei deutlich gemacht werden, dass sowohl weibliche wie

männliche Personen die Rolle des*der Hebenden übernehmen können, sofern dies von den Hebenden geleistet werden kann.

Leistungsbewertung

Die Leistungsbewertung im Bewegungsfeld ‚Gestalten, Tanzen, Darstellen – Gymnastik/Tanz, Bewegungskünste' erfolgt entlang vorab festzulegender, fachspezifischer Kriterien. Das Geschlecht oder die Körperformen dürfen bei der Bewertung keine Rolle spielen. Für die Benotung werden die im Unterricht vermittelten Gestaltungskriterien Raum, Zeit, Form und Dynamik sowie Takt, Rhythmus, Synchronität, Schwierigkeitsgrad und Kreativität herangezogen. Zum Tragen kommen können auch das Wissen um die Schrittabfolge, die Entwicklung eigener Schrittkombinationen und deren Originalität, die Ausführungsqualität, das Zeitmanagement sowie der Bewegungsausdruck und die Mimik. Auch die Musikauswahl, die Wahl der Kleidung und die Qualität und Originalität der Story, die man mit der entsprechenden Choreografie zum Ausdruck bringen möchte, können in die Bewertung einfließen. Wie die einzelnen Faktoren gewichtet werden, ist abhängig von den Zielen des Unterrichts und den Voraussetzungen der Lernenden. Die Gewichtung ist von der Lehrkraft vorzunehmen und den Schüler*innen bzw. den Studierenden vorab zu kommunizieren. Die Kriterien sollten mit den Lernenden besprochen und Pro und Contra erörtert werden. Im Idealfall sollte der Prozess, Kriterien festzulegen, mit einer konsensuellen Entscheidung abgeschlossen werden. Wichtig ist, dass dabei alle Schüler*innen/Studierenden, unabhängig vom Geschlecht, eine aktive Rolle einnehmen.

- Insbesondere für den Sportunterricht ist zu empfehlen, die Bewertungskriterien gemeinsam mit den Schüler*innen zu entwickeln und deren Gewichtung abzustimmen. Die Bewertungskriterien dürfen sich nur auf das beziehen, was auch Gegenstand des Unterrichts war. D. h., wenn bspw. die Gestaltungskriterien Raum und Zeit thematisiert werden, dann sollten diese Kriterien bei der Bewertung dominieren.
- Bei kooperativen Vorhaben, d. h. wenn eine gemeinsam entwickelte Choreografie vorliegt, sollte auch die Zusammenarbeit innerhalb der Gruppe und somit der Prozess und nicht nur das fertige Produkt bewertet werden.
- Hemmungen hinsichtlich der Abschlusspräsentation vor der ganzen Klasse können dadurch abgebaut werden, dass sich die Schüler*innen bzw. Studierenden ihre Choreografien zunächst gegenseitig vorstellen und ein Feedback entlang eines erarbeiteten Bewertungsbogens geben. Des Weiteren kann

Schüler*innen, die große Scheu vor der Präsentation haben, für die Leistungs-
abnahme auch die Möglichkeit gegeben werden, die Choreografie nur vor der
Lehrkraft zu präsentieren.

Bei der Präsentation von Gestaltungsaufgaben ist durch die Lehrkraft für eine
wertschätzende Atmosphäre zu sorgen. Dies muss u. U. auch durch Festlegung
von Regeln geschehen: Während und nach der Darbietung dürfen keine unangemessenen Kommentare abgegeben werden, insbesondere keine auf das Geschlecht
der Darbietenden bezogenen. Am Ende der Präsentation sollte grundsätzlich
Applaus, ein wertschätzendes Feedback, Lob und Respekt für die Darbietung
erfolgen.

10.7 Sportspiele – Spielen in und mit Regelstrukturen

▶ **Tipp**

- Modifikation von Spielbedingungen
- Regelanpassungen
- Einteilung der Teams nach Leistung und Erfahrung

Sportspiele bilden einen Teil der Jugendkultur und werden von einem Großteil
der Schüler*innen wie auch Studierenden in der Freizeit, v. a. im Sportverein ausgeübt. Da jedoch nicht alle Schüler*innen und Studierenden gleichermaßen am
organisierten Sport teilhaben, divergieren ihre diesbezüglichen Vorerfahrungen in
Bezug auf bestimmte Sportspiele und auch Sportspiele allgemein.

Geschlechtsbezogene Erwartungen und Effekte
Das Bewegungsfeld ,Sportspiele – Spielen in und mit Regelstrukturen' unterliegt geschlechtsbezogenen Konnotationen, die in den Sportunterricht bzw. in
die Sportpraxiskurse hineingetragen werden. Ein besonderes Merkmal stellt
die kompetitive Ausrichtung der Sportspiele dar, die zumeist mit vermeintlich
männlichen Charaktereigenschaften assoziiert wird und hegemonialen Männlichkeitskonstruktionen entspricht. Somit kann im Sportunterricht, aber auch in den
fachpraktischen Kursen des Sportstudiums gegenüber Schülern bzw. Studenten
die Erwartungshaltung bestehen, Sportspiele besonders gut zu beherrschen und
darin leistungs- und durchsetzungsfähig zu sein. Insbesondere Sportlehrkräfte
gehen oftmals davon aus, dass *alle* Schüler Sportspiele favorisieren und gut

darin sind, sodass ihnen qua Geschlecht Kompetenz in Sportspielen zugeschrieben wird. Dies kann einerseits dazu führen, dass Jungen und Männer unter Druck geraten, ihre Spielfähigkeit unter Beweis stellen zu müssen und mehr oder weniger explizite Abwertungen und Ausgrenzungen erfahren, wenn sie ihre Stärken stattdessen in anderen Bewegungsfeldern verorten. Mädchen und Frauen dagegen können sowohl von Mitschüler*innen wie auch Lehrpersonen unterschätzt und somit an der Entfaltung ihrer individuellen Potenziale gehindert werden.

• Grundsätzlich sollten sich Lehrpersonen bei der Thematisierung von Sportspielen bewusst machen, dass die bei Schüler*innen und Studierenden vorhandenen Kompetenzen im Bereich der Sportspiele weniger eine Frage von Geschlecht als vielmehr der Vorerfahrung in einem bestimmten Sportspiel ist.

• Um geschlechtsbezogenen Zuschreibungen hinsichtlich der Kompetenzen in großen Sportspielen vorzubeugen, können zu Beginn des Kurses bzw. eines Unterrichtsvorhabens (sportspielvorbereitende) Spielformen durchgeführt werden, die den Vorteil haben, dass Vorerfahrungen in den großen Sportspielen eine geringere Rolle spielen und die geschlechtsbezogene Sportsozialisation somit an Relevanz verliert.

• Lehrende sollten das Verhalten der Spielenden aufmerksam beobachten und ein als rücksichtslos empfundenes Spielverhalten thematisieren. Dabei kann das – im Vereinssport übliche und erlaubte Spielen mit Körperkontakt - als rücksichtlos gelten. Dies sollte im schulischen Sportunterricht unterbunden werden, da Schüler*innen, die nicht in der jeweiligen Sportart vereinssozialisiert sind, derartige Spielverhaltensweisen als beängstigend empfinden können, sodass die Gefahr besteht, dass sie sich zurückziehen. Wird das Spielen mit Körperkontakt unterbunden, haben auch Schüler*innen ohne Vereinssozialisation eine Chance, sich aktiv ins Spiel einzubringen. Damit alle Schüler*innen die vereinbarte Regel nachvollziehen und akzeptieren können, sollte thematisiert werden, dass der Sportunterricht einer anderen Zielsetzung folgt als der Vereinssport. Das hat u. a. zur Folge, dass bestimmte Regeln, die im wettkampfmäßig betriebenen Sport üblich und notwendig sind, im Sportunterricht mit einer heterogenen Lerngruppe in der Form allerdings nicht sinnvoll oder schlicht nicht umsetzbar sind. Gerade Lehramtsstudierende der Sportwissenschaft können ein derartiges Spielverhalten aus dem Wettkampfbetrieb als Reflexionsanlass nutzen, um ihre individuellen Perspektiven auszutauschen und Herausforderungen zu thematisieren. Hieraus können dann didaktisch-methodische Überlegungen für ein Spielsetting, dass allen gleichermaßen eine Teilnahme ermöglicht, abgeleitet werden.

- Lehrende und Sportlehrkräfte sollten in ihrem Kurs bzw. Sportunterricht daher möglichst verschiedene Sportspiele und Varianten der großen – vereinsorganisiert und wettkampfmäßig betriebenen – Sportspiele heranziehen, sodass alle Studierenden und Schüler*innen die Chance haben, ihre Fertigkeiten und Fähigkeiten zu präsentieren. Dazu bieten sich auch Sportspiele an, die ohne Körperkontakt gespielt werden, wie z. B. Ultimate Frisbee, Flag-Football oder Tchoukball.
- Um geschlechtsbezogene Stereotype nicht (unbewusst) zu perpetuieren, kann eine inklusive bzw. geschlechtsneutrale Sprache verwendet werden. So kann etwa „Manndeckung" in „1:1 Deckung" oder „Mannschaft" in „Team" übersetzt werden, um alle Schüler*innen und Studierenden gleichermaßen zu adressieren.
- Da pauschalisierende Unterscheidungen nach Geschlecht großen Einfluss darauf haben, welche Kompetenzen man von anderen und von sich selbst erwartet, ist eine Sensibilisierung (angehender) Lehrkräfte gegenüber möglichen geschlechtsbezogenen Konnotationen (wie etwa: „Was war denn das für ein Mädchenschuss?") unumgänglich. Schon im Lehramtsstudium sollten körperliche sowie erfahrungsbezogene Unterschiede nicht ignoriert, aber auch nicht als unveränderbar naturalisiert werden. Sportspiele bieten eine Gelegenheit, beobachtete Unterschiede zu thematisieren, ihren Ursprung, nämlich z. B. die Sportsozialisation bzw. bestimmte Geschlechterstereotype, zu reflektieren und dadurch geschlechtsbezogene Vorannahmen zu kritisieren.

In den fachpraktischen Sportspielekursen kann es zu einer hohen Kompetitivität unter den Studierenden kommen, insbesondere dann, wenn sie einschlägig (und ggf. auch in geschlechtsbezogen konnotierten Sportarten) vorsozialisiert sind.

- Den Studierenden sollte deutlich gemacht werden, dass es in den fachpraktischen Kursen um den Erwerb der jeweiligen sportspielspezifischen Spielfähigkeit geht und diese nicht am Sieg bzw. der Niederlage in einem Spiel gemessen wird.
- Gleichzeitig haben fachpraktische Kurse das Ziel, eine pädagogische Vermittlungskompetenz bei den Studierenden auszubilden. Dazu sollte theoretische Basisliteratur[13] herangezogen werden, die den Fokus auf die Vermittlung von Grundfertigkeiten und die Erhaltung von Spielfähigkeit legt. Vor dem

---

[13] Einen Überblick über verschiedene Konzepte zur Vermittlung von Sportspielen geben Breuer und Peters (2020). Vorgestellt werden u. a. die Heidelberger Ballschule, der Ansatz des Teaching Games for Understanding sowie das Konzept des Genetischen Lernens und Lehrens.

Hintergrund eines sportpädagogischen Basiswissens können Studierende den Einfluss geschlechtsbezogener Erwartungen auf die Spielfähigkeit reflektieren und für die unterschiedlichen Bedürfnisse von Schüler*innen in diesem Zusammenhang sensibilisiert werden.

In den fachpraktischen Sportspielekursen wird mitunter auch beobachtet, dass Studentinnen mit sehr guten sportspielspezifischen Kompetenzen im Spiel im Vergleich zu Studenten, die ähnliche bzw. auch geringere Kompetenzen aufweisen, zurückhaltender sind. Anstatt ihre eigenen Kompetenzen zu betonen, sind diese vielmehr darum bemüht, den Ball gleichmäßig auf die Mitspieler*innen ihres Teams zu verteilen. Demgegenüber demonstrieren Studenten ihr spielspezifisches Können offensiver und zeigen daher oftmals dominante Spielweisen. Hier tritt also in besonderem Maße der Überlegenheitsimperativ zutage.

• Wird im fachpraktischen Kurs ein derartiges Verhalten beobachtet, kann eine Reflexion dessen lohnend sein, um Studierenden mögliche geschlechterstereotype Verhaltensweisen im Spiel bewusst zu machen. Werden sie dafür sensibilisiert, können sie auch später im eigenen Sportunterricht entsprechende Verhaltensweisen erkennen und durch gezielte, mit den Schüler*innen gemeinsam vereinbarte Regelanpassungen geschlechtergerecht handeln.

Regelanpassungen
Aufgrund der mitunter sehr großen Heterogenität von Lerngruppen müssen Spielregeln dem Setting angepasst werden, um allen eine Teilnahme zu ermöglichen. Um Spielanteile zu sichern und allen die Chance auf einen Abschluss (Torwurf/ -schuss) zu ermöglichen, wird häufig das Geschlecht als Kriterium herangezogen, indem z. B. Regeln festgelegt werden, wie „Die Mädchen müssen den Ball zugepasst bekommen, bevor es zum Torabschluss kommt." oder „Die Jungen werfen mit ihrer schwachen Hand." Regelanpassungen dieser Art können allerdings geschlechtsbezogene Abwertungen hervorrufen.

• Daher sollten Regelanpassungen universell gelten. So könnte es z. B. als Anreiz formuliert werden, dass spielerfahrene Schüler*innen bei einem Treffer mit der ungeübten Hand doppelte Punktzahl erhalten. D. h., sie werden nicht gezwungen, mit der weniger geübten Hand zu spielen, weil sie sich sonst zurückgesetzt fühlen könnten. Vielmehr wird ihnen eine Möglichkeit gegeben, die mit einem Ansporn verbunden ist.

- Auch kann eine Regelanpassung darin bestehen, im Spiel häufigere Rollenwechsel durchzuführen. Ein solcher Wechsel gibt die Möglichkeit, verschiedene Positionen zu erproben, sich auf einer bestimmten Position als kompetent
zu erleben und auf diese Weise die eigenen Stärken zu erkennen. Eine weitere Differenzierungsmöglichkeit stellt z. B. die Einrichtung von Zonen dar, in
denen der Torwurf/-schuss störungsfrei ausgeführt werden kann.
- Werden Spielmaterialien (individuell) angepasst, sollten die hierfür relevanten
Kriterien (z. B. Körpergröße oder Statur, Fähigkeiten) deutlich artikuliert werden. So könnte bspw. Handball mit Methodik-Bällen (Knautschbällen) gespielt
werden: zum einen sind sie leichter zu fangen, zum anderen bieten sie die
Chance, sich auf das Zuspiel und Freilaufen zu konzentrieren, da sie nicht
geprellt werden können. Beim Volleyball könnte die Netzhöhe variiert werden, um Erfolgserlebnisse (etwa beim Aufschlag oder Schmetterschlag) zu
ermöglichen. Derartige Modifikationen sollten gerade unter Lehramtsstudierenden bewusst thematisiert werden, um ihnen für die künftige Tätigkeit als
Sportlehrkraft eine Bandbreite an Handlungsmöglichkeiten aufzuzeigen.
- Um eine gerechte Spielbeteiligung zu erreichen und allen die Chance auf den
Torerfolg zu geben, kann bspw. beim Handball die Zählweise wie folgt verändert werden: Der Torerfolg derselben Person zählt beim ersten Treffer vier
Punkte, beim zweiten Treffer drei Punkte usw. Die möglichst hohe Punkt-
zahl kann demnach nur erreicht werden, wenn alle Spielenden zum Torerfolg
gelangen. Die Einführung dieser Zählweise hat den Vorteil, dass die Kategorie
Geschlecht oder Leistungsstärke nicht relevant gemacht wird. Im Rahmen des
Sportspielekurses ist es wichtig, diese Regeländerung und deren Auswirkungen – einerseits Erhöhung der Spielbeteiligung, andererseits Fokussierung auf
Schüler*innen/Studierende, die noch keinen Torerfolg hatten – zu reflektieren.
- Der Spielverlauf kann von der Lehrperson auch zum Reflexionsanlass darüber
genommen werden, dass geschlechtsbezogene Vorannahmen in den wenigsten
Fällen zutreffen, da Differenzen innerhalb der Geschlechtergruppen viel größer
ausfallen.

Einteilung von Teams
Im Leistungssport erfolgt zumeist eine Einteilung in Männer- und Frauenteams,
die suggeriert, dass es geschlechtsbezogene Leistungsdifferenzen gebe. Diese
Annahmen können sich (unbewusst) auch in den fachpraktischen Kursen der
Sportwissenschaft sowie dem Sportunterricht niederschlagen und zur Repro-
duktion von Ungleichheiten beitragen. Die geschlechtsbezogene Selektion stellt

darüber hinaus Personen, die sich als nicht-binär verorten, vor Herausforderungen und kann zu Misgendern und einem Zwangsouting führen.

Entsprechend kann es im Sportunterricht, bspw. bei der Thematisierung von Fußball oder Basketball, dazu kommen, dass Schüler*innen geschlechtshomogene Teams einfordern. Denn bei geschlechterheterogenen Gruppen beschweren sich oftmals Jungen über die Passivität von Mädchen und spielen sie aufgrund dessen weniger bzw. kaum an. Mädchen hingegen kritisieren, dass sie im Spiel nicht berücksichtigt werden und dass Jungen eine zu robuste Spielweise an den Tag legen.

In *geschlechterheterogenen* Gruppen kann es daher dazu kommen, dass sich Jungen bzw. spielstarke Personen gelangweilt fühlen, wenn sie auf die Kooperation aller setzen, oder eben nur unter sich spielen, während Mädchen bzw. spielschwache Personen kaum am Spiel beteiligt werden. Dies hat zur Folge, dass sie sich nicht mehr aktiv ins Geschehen einbringen wollen, wodurch sie sich dann auch nicht weiterentwickeln. So wird eine Abwärtsspirale in Gang gesetzt.

In *geschlechtshomogenen* Gruppen hingegen können sich spielunerfahrene Jungen unter Druck gesetzt fühlen, die gleichen Kompetenzen zeigen zu müssen. Auch sie werden die Erfahrung machen, dass sie in Spielen, die einen Sieg als primäres Ziel haben, ggf. nur wenig Spielanteil bekommen. Spielerfahrene Mädchen werden sich in geschlechtshomogenen Teams – wenn diese weniger leistungsfähig sind – hinsichtlich der Spielfähigkeit kaum weiterentwickeln können und möglicherweise die Motivation verlieren. Die Ausführungen machen deutlich, dass in wettkampforientierten Spielformen die Teamzusammenstellung nach Spielerfahrung und Leistung erfolgen sollte, nicht aber nach Geschlecht, es sei denn, die Lernenden fordern dies z. B. aufgrund körperlicher Berührungen im Spiel. Teams, die hinsichtlich Vorerfahrungen, Trainingszustand, Körpergröße und Geschicklichkeit homogen sind, haben den Vorteil, dass spielunerfahrene nicht von spielstarken Schüler*innen in den Hintergrund gedrängt werden und sich so aktiver am Spiel beteiligen können (vgl. Mertens, 2024, S. 222).

Eine Einteilung der Teams nach Geschlecht dürfte zudem ein Problem für TIN* Personen darstellen, da diese sich innerhalb eines binären Systems einordnen müssen. In fachpraktischen Kursen der sportwissenschaftlichen Lehramtsausbildung gilt es, geschlechtsrelevante Aspekte zu reflektieren und gemeinsam Kriterien herauszuarbeiten, nach denen die Einteilung in Teams erfolgen kann, sodass möglichst allen in ihrem Leistungsniveau entsprochen werden kann (zur Teameinteilung vgl. auch Kap. 6).

- Bei Gruppen, die gegeneinander antreten, ist es sinnvoll, gleichstarke Teams zu bilden, um eine Spannung hinsichtlich des Ausgangs des Spiels aufrechtzuerhalten. Entsprechend sollten sowohl leistungsstarke als auch weniger leistungsstarke Schüler*innen und Studierende gleichmäßig auf die Teams verteilt werden. Dabei ist allerdings zu beachten, dass nicht pauschal die Kategorie Geschlecht als Kriterium herangezogen wird, da dies geschlechtsbezogene Stereotype reifizieren kann. Bei Spielen in geschlechterheterogenen bzw. leistungsheterogenen Teams sollte die Lehrkraft jedoch aufmerksam für mögliche Diskriminierungen sein, denn leistungsschwächere Spieler*innen könnten ignoriert, nicht angespielt und sogar bloßgestellt werden. In emotional aufgeladenen Situationen wird ihnen häufig auch die Schuld an einer Niederlage gegeben.
- Alternativ kann – je nach Sportart – die Einschätzung individueller Kompetenzen auch den Schüler*innen und Studierenden selbst überlassen werden. Auf dieser Grundlage können Teams gebildet werden, ohne dass die Lehrperson Gefahr läuft, (negative) Zuschreibungen zu reifizieren. Werden geschlechtsbezogene Zuschreibungen und Fehleinschätzungen sichtbar, sollte die Lehrperson Korrekturen vornehmen.
- Einmal festgelegte Teams können über mehrere Stunden/Kurssitzungen beibehalten werden. Dies hat den Vorteil, dass Vertrauen aufgebaut werden kann sowie sich die Schüler*innen auf die Spielfähigkeiten der Teammitglieder einstellen können (Mertens, 2024, S. 222).
- Eine zeitökonomische Variante zur Einteilung von Teams können auch gesteuerte Zufallsverfahren sein, durch die eine geschlechtshomogene Gruppenbildung vermieden wird und aufgezeigt werden kann, dass geschlechtsheterogene Teams gleichermaßen leistungsfähig sind.

Leistungsbewertung

Insbesondere Schüler*innen und Studierende, die in den traditionell männlich konnotierten Sportarten erfahren sind, können bei der Leistungsbewertung in Sportspielen Vorteile haben. Dies dürfte v. a. auf cis-Schüler und cis-Studenten zutreffen, da ein Großteil von ihnen in Sportspielen sozialisiert ist.

- Zentrale Kriterien bei der Beurteilung von Leistungen in den Sportspielen sind Technik und Taktik, die allerdings nicht losgelöst voneinander, sondern vielmehr als sich wechselseitig beeinflussende Elemente zu betrachten sind. Es ist sinnvoll, Leistungen im Bereich Technik in spielspezifischen Situationen zu überprüfen. Die Spielfähigkeit, d. h. die Anwendung von Techniken und Taktiken einzelner Personen wird hingegen im Spiel und damit in komplexen Handlungssituationen überprüft, was allerdings ob der vielfältig und gleichzeitig zu beachtenden Aspekte eine große Herausforderung darstellt. Um die Leistungen möglichst objektiv zu bewerten und sich nicht von u. U. geschlechtsbezogenen Vorannahmen leiten zu lassen, sind klar festgelegte Kriterien unabdingbar.[14]

- Die Notwendigkeit und die Erarbeitung von Kriterien zur Bewertung der Technik sowie Spielfähigkeit sollte bereits im Rahmen des Studiums thematisiert werden, sodass angehende Sportlehrkräfte in der Lage sind, Leistungsbewertungen im Bereich der Sportspiele pädagogisch reflektiert vorzunehmen.

- Im kompetenzorientierten Sportunterricht fließen neben der sportmotorischen Leistung weitere Leistungsdimensionen ein. Bei der Leistungsbeurteilung im Sportunterricht gilt außerdem, „dass nur die technisch-koordinativen und die taktisch-kognitiven Leistungen zu bewerten sind, die im Rahmen des Unterrichts thematisiert und ausreichend geübt wurden" (Mertens, 2024, S. 219). Dieser Grundsatz dürfte möglichen geschlechtsbezogenen Vorannahmen entgegensteuern. Zusätzlich sollten auch prozessbezogene Kompetenzen beurteilt werden, wie etwa die Fähigkeit, fair miteinander umzugehen, Konflikte zu lösen und v. a. auch die Reflexionsfähigkeit der Schüler*innen bei der Aushandlung von Spielregeln.

- Im Studium spielt neben der Bewertung sportmotorischer Fertigkeiten auch die Bewertung vermittlungsbezogener Kompetenzen der Studierenden eine Rolle. Dabei ist es wichtig, dass sich Lehrende ihrer möglichen geschlechtsbezogenen Annahmen bewusst werden. So sollten sich Lehrende im Rahmen einer Selbstreflexion z. B. die Frage stellen, ob und inwiefern sie Studierenden qua Geschlecht bestimmte Kompetenzen in den Sportspielen zu- oder absprechen.

10.8 Rollsport/Bootssport/Wintersport – Gleiten, Fahren, Rollen

▶ **Tipp**

- Buddy-Prinzip
- Vielfältige Perspektiven auf einen Inhalt
- Teilhabe für alle durch Differenzierung

---

[14] Vgl. zur Problematik der Leistungsbewertung von Sportspielen Mertens (2024, S. 219–224).

Dieses Bewegungsfeld zeichnet sich durch eine Vielzahl höchst verschiedener Inhalte aus: Dazu zählen bspw. Inlineskating, Wave- und Skateboardfahren, Roller- und Rollbrettfahren, Radfahren, Surfen, Ski- und Snowboardfahren, Eislaufen, Rudern, Kanu- und Kajakfahren und Vieles mehr. Mithilfe von Geräten, die verschiedene Fahr- bzw. Gleiteigenschaften aufweisen, werden befestigte Flächen bzw. Fahrbahnen genutzt, aber auch naturnahe Räume und Fahruntergründe erschlossen. Insofern gehören viele dieser Sportarten den sogenannten Natursportarten an, was bedeutet, dass sie vorwiegend außerhalb der Schule bzw. der Universität praktiziert werden.

In der Schule wird das Roller- und Radfahren nicht nur unter dem Ziel des Lernens von Bewegungstechniken vermittelt, sondern auch unter der Absicht, zu einer nachhaltigen Verkehrs- und Mobilitätserziehung beizutragen, die bspw. auch im Kernlehrplan Sport NRW verankert ist (vgl. MSB, 2021, S. 201).

Geschlechtsbezogene Erwartungen und Effekte
Aufgrund der vergeschlechtlichten Strukturen unserer Gesellschaft unterliegen Schüler*innen und Studierende einer geschlechtsbezogenen Sozialisation, die auch die Sportartpräferenzen sowie die Vorstellungen über passendes bzw. unpassendes Sportverhalten der Geschlechter beeinflussen kann. Auch wenn das Bewegungsfeld ‚Gleiten, Fahren und Rollen – Rollsport/Bootssport/Wintersport‘ geschlechtsneutrale Sportarten aufweist (z. B. Radfahren, Skifahren, Inlineskaten), so sind manche Inhalte doch geschlechtsbezogen konnotiert, was u. U. mit den in diesem Bewegungsfeld einzugehenden Wagnissen und der notwendigen Risikobereitschaft (z. B. Skateboardfahren, Stuntscooter) zusammenhängen könnte.[15] Aufgrund unterschiedlicher Gelegenheiten zur Nutzung bestimmter Geräte in der Freizeit ist in diesem Bewegungsfeld mit großen Unterschieden in der Vorerfahrung und damit einhergehend in den Interessen und Kompetenzen der Schüler*innenschaft, aber auch der Studierenden zu rechnen.

• Das Bewegungsfeld ‚Gleiten, Fahren und Rollen‘ sollte im Sportunterricht sowie den fachpraktischen Kursen des sportwissenschaftlichen Lehramtsstudiums möglichst durch mehrere Inhalte abgedeckt werden, denn erst durch das Kennenlernen und Erproben verschiedener Gleit-, Fahr- und Rollgeräte werden die Schüler*innen dazu befähigt, an der Vielfalt der Bewegungskultur außerhalb der Schule teilzuhaben. Entsprechend sollten auch Lehramtsstudierende des Faches Sport die Möglichkeit bekommen, unterschiedliche Inhalte dieses

---

[15] Vgl. hierzu Voss (2003), die Skateboardfahrerinnen untersucht und auf die geschlechterstereotypen Zuschreibungen in dieser Sportart aufmerksam gemacht hat.

Bewegungsfeldes kennenzulernen und aus einem vielfältigen Angebot – auch unter Berücksichtigung individueller Interessen – auszuwählen.

- Dieses Bewegungsfeld bietet sich in besonderem Maße dazu an, unterschiedliche pädagogische Perspektiven anhand eines Inhalts zu thematisieren, wodurch der Verschiedenheit der Motive und Präferenzen der Sporttreibenden Rechnung getragen werden kann. Gleichzeitig können durch die Thematisierung eines Inhalts unter verschiedenen pädagogischen Perspektiven auch etwaige geschlechterstereotype Zuordnungen aufgebrochen werden. Die verschiedenen Inhalte können z. B. unter dem Aspekt der Gestaltung oder des Spielens, d. h. als Sportspielvarianten, durchgeführt werden. Zum Beispiel können beim Eislaufen das Schnell- oder das Synchronlaufen, aber auch das Eishockeyspiel, der Eiskunstlauf oder der Eistanz thematisiert werden. Dabei werden jeweils unterschiedliche pädagogische Perspektiven in den Vordergrund gerückt. Studierende und Schüler*innen können dann auch ihre in anderen Bewegungsfeldern erworbenen Vorerfahrungen und Kompetenzen einbringen und an diese anknüpfen. Während sich eine Sozialisation im Turnen und/oder Tanz günstig auf den Eiskunstlauf oder den Eistanz auswirken kann, dürften Vorerfahrungen in Torschussspielen beim Eishockey von Vorteil sein. Das Radfahren kann neben der Mobilitätserziehung auch unter dem Aspekt der Ausdauerschulung oder zur Förderung koordinativer Fähigkeiten durch Geschicklichkeitsübungen mit dem Rad eingesetzt werden, beim Mountainbikefahren auch zur Wagniserziehung. Auch soziale Lernprozesse können über verschiedene Spielformen (z. B. Staffeln, Zehnerball), die mit dem jeweiligen Fahrgerät durchgeführt werden, initiiert werden. Die Thematisierung unter mehreren Perspektiven ermöglicht ein Aufbrechen geschlechterstereotyper Vorstellungen, die u. U. mit einem bestimmten Inhalt verknüpft sind. Dies geschieht dadurch, dass an alle Schüler*innen bzw. Studierenden dieselben Anforderungen gerichtet werden, und zwar technisch-koordinative, gestalterisch-ästhetische und konditionelle Fähigkeiten sowie in besonderem Maße Anstrengungs- und Risikobereitschaft. Es kommen also bei allen gleichermaßen Fähigkeiten, Fertigkeiten und Kenntnisse zum Einsatz, die im Alltagsverständnis oftmals geschlechterstereotyp verteilt erscheinen, d. h. entweder Frauen oder Männern zugesprochen werden. Im Unterricht sollte die Lehrperson allerdings darauf achten, dass alle Studierenden/Schüler*innen gleichermaßen aktiv am Unterricht teilnehmen und vor allem, dass stereotype Zuschreibungen durch die Kommunikation und Interaktion im Unterricht nicht reifiziert werden.

Hegemoniale Männlichkeitskonstruktionen bei Studenten bzw. Schülern können zu einer erhöhten Risikobereitschaft führen, insbesondere dann, wenn Zuschauende das Geschehen verfolgen, was ja in Schulklassen bzw. Kursen an der Universität stets der Fall ist. Hierdurch kann zwar einerseits der Zugang zu manchen Sportarten leichter fallen, andererseits kann dies auch zu Selbstüberschätzung und damit einhergehend zu einer erhöhten Verletzungsgefahr führen.[16] Mädchen zeigen sich bei risikobesetzten Situationen oftmals eher zurückhaltend und unterschätzen ihre Fähigkeiten eher (vgl. Gieß-Stüber et al., 2008, S. 68).

- Lehrpersonen sollten Sicherheitsaspekte schon zu Beginn des Kurses/der Unterrichtseinheit an alle Adressat*innen kommunizieren. Insbesondere bei Sportarten wie Eislaufen, Inlineskating sowie Wave- und Skateboarding kommt es darauf an, die Bremstechniken gut zu beherrschen, verschiedene Falltechniken kennenzulernen und das sichere Fallen auch zu üben. Dies baut Ängste ab und hält u. U. bestimmte Schüler davon ab, spektakuläre Stürze zu inszenieren.
- Die individuellen Fähigkeiten der Schüler*innen/Studierenden sollten stets der Ausgangspunkt bei der Planung der Aufgabenstellungen sein, damit niemand überfordert bzw. unterfordert wird. Entsprechend könnten die Schwierigkeitsgrade bei bestimmten Aufgaben von Anfang an differenziert werden. Beim Radfahren kann dies dadurch erfolgen, dass ein vorgegebener Parcours nur mit einer Hand am Lenker bzw. mit der weniger bevorzugten Hand gefahren wird.
- Zu beachten ist auch, dass Schüler*innen/Studierende möglicherweise unterschiedlich mit Misserfolgen umgehen. Schüler/Studenten können bei Fehlleistungen unter Druck geraten, weil sie den gängigen hegemonial männlichen Vorstellungen von Überlegenheit nicht zu entsprechen vermögen und dann eine besonders hohe Leistungs- und Risikobereitschaft demonstrieren, um ihre Vorrangstellung zu beweisen. Schülerinnen/Studentinnen sowie manche TIN* Personen hingegen entwickeln bei Misserfolgen eher Selbstzweifel, durch die sie dann von einer weiteren Ausübung des betreffenden Sports abgehalten werden. Lehrpersonen sollten ihre Lerngruppe daher aufmerksam bezüglich derartiger Verhaltensweisen beobachten und insbesondere bei missglückten Übungen ein individuelles Feedback geben. Dabei ist zu beachten,

---

[16] Vgl. hierzu das Phänomen des Gladiatoreffekts, den Neumann (2009) als Schattenseite des Gelingens einer Wagnissituation im Schulsport herausstellt, d. h. das Wagnis wird eingegangen, weil andere zuschauen und obwohl die eigenen Kompetenzen nicht ausreichen.

dass keine Geschlechterstereotype reproduziert werden. In diesem Zusammenhang bietet sich auch die Thematisierung eines verantwortungsbewussten Umgangs mit Wagnissituationen an.

Bildung von Teams/Tandems

Schüler*innen/Studierende neigen dazu, geschlechterhomogene Teams/Tandems zu bilden, was nicht nur den Austausch untereinander sowie den individuellen Erfahrungsraum einschränkt, sondern auch geschlechtsbezogene Stereotype perpetuieren kann. Werden z. B. im Rahmen von Sportspielen, wie etwa dem Eis- oder Inlinehockey, geschlechtshomogene Gruppierungen gewünscht und wird diesem Wunsch entsprochen, dann kann es dazu kommen, dass Schülerinnen/Studentinnen qua Geschlecht geringere Kompetenzen zugeschrieben werden, und eine geschlechtsbezogene Abwertung aller Spielerinnen erfolgt, unabhängig von den individuellen Spielfähigkeiten einzelner. Ähnliche Abwertungen können auch Schüler und Studenten aufgrund geringerer Vorerfahrungen mit gestalterisch-kompositorischen Inhalten, wie etwa dem Choreografieren oder der Erstellung einer Kür treffen. Auch hier gilt für die Lehrperson, derartige geschlechtsbezogene Stereotypisierungen in der Kommunikation und Interaktion der Adressat*innen zu erkennen und zu thematisieren.

Geschlechtshomogene Teams oder Tandems werden oft auch deshalb gewünscht, um einen intergeschlechtlichen Körperkontakt zu vermeiden. Wenn eine Aufgabe Körperkontakt erfordert, dann sollte es den Übenden freigestellt werden, mit wem sie üben möchten. Körperkontakt kann z. B. beim Eislaufen, Inlineskating oder Waveboardfahren nicht gänzlich vermieden werden, denn dort ist bei vielen Aufgaben Hilfestellung durch eine*n Partner*in notwendig.

- Aufgrund des Körperkontakts bei der Hilfestellung ist es wichtig, dass Schüler*innen/Studierende eine*n Partner*in nach Sympathie und Vertrauen auswählen können, da gegenseitiges Vertrauen die Voraussetzung für das Eingehen von Wagnissituationen und damit für den Übungserfolg ist. Über die Hilfestellung hinaus sollen sich die Peers in den Tandems oft auch gegenseitig Feedback geben. Für ein wertschätzendes und offenes Feedback ist ebenfalls Vertrauen wichtig. Es ist zu empfehlen, dass die gebildeten Tandems über eine längere Zeit bestehen bleiben und dass dies vorab kommuniziert wird. Dieses Buddy-System hat den Vorteil, dass Vertrauen aufgebaut, Verantwortung für sich und andere übernommen wird und die wechselseitige Kompetenzentwicklung wahrgenommen werden kann.

- Für die Bildung der Tandems sollten keine starren Vorgaben gemacht werden. D. h., gerade im Sportunterricht sollte von der Lehrkraft weder zu geschlechterhomogenen noch zu -heterogenen Tandems angeregt werden. Vielmehr sollte das zentrale Kriterium das wechselseitige Vertrauen sein.
- In den fachpraktischen Kursen im Sportstudium sollte mit Blick auf die Bildung von Tandems im späteren Sportunterricht auch jene Situation reflektiert werden, dass nicht alle Schüler*innen eine*n Tandempartner*in finden und der Fall eintritt, dass ein Mädchen und ein Junge übrig bleiben, die aber beide nicht zusammen üben wollen. Über die Frage „Wie würdet ihr handeln, wenn…?" können Lehrende eine Diskussion unter den Studierenden anregen und Lösungen für solche und ähnliche Fälle entwickeln lassen.

Differenzierung
Unterschiedliche Vorerfahrungen und dadurch bedingte unterschiedliche Fertigkeiten können im Bewegungsfeld ,Gleiten, Fahren und Rollen' durch ein breites Spektrum an Modifikationen im Rahmen binnendifferenzierender Stationsarbeit bzw. durch den Einsatz eines Parcours berücksichtigt werden. Ein Üben entsprechend individueller Fähigkeiten und Fertigkeiten ist hier gut möglich.

- Beim Radfahren ist z. B. das Auf- und Absteigen von beiden Seiten des Fahrrads eine Fertigkeit, die für das flexible und sichere Fortbewegen im Straßenverkehr notwendig ist. Beim Erlernen dieser Fertigkeit kann eine Differenzierung der Aufgabe – im Sinne einer Erschwerung – darin bestehen, das weniger geschulte, d. h. das nicht favorisierte Bein zu verwenden.
- Des Weiteren können für bereits fortgeschrittene Schüler*innen koordinative Zusatzaufgaben gestellt werden: z. B. auf unterschiedlichen Untergründen Rad/Waveboard zu fahren, beim Fahren gleichzeitig einen Ball zu prellen oder mit verschiedenen Materialien zu agieren.

Leistungsbewertung
Insgesamt ist eine mehrdimensionale Bewertung entlang geschlechtsunabhängiger Kriterien (Technik, Kreativität, Koordination, Anstrengung) zu empfehlen. Eine geschlechtsbezogene Sportsozialisation kann jedoch sowohl bei den Lernenden als auch den Lehrenden zu der Annahme führen, dass die Leistungsfähigkeit auch beim Gleiten, Fahren und Rollen geschlechtsbezogen determiniert ist. Eine Folge dessen können zu hoch oder zu niedrig angesetzte Ziele sein, die die individuelle Leistungsentwicklung negativ beeinflussen.

- Der Entstehung derartiger geschlechtsbezogener Leistungserwartungen kann entgegengewirkt werden, indem von Anfang an eindeutige Bewertungskriterien, die sich auf Anforderungen in verschiedenen Bereichen beziehen (Technik, Koordination, Kondition, gestalterisch-ästhetische Fähigkeiten), kommuniziert werden. Im Schulsport bietet es sich an, diese Kriterien gemeinsam mit den Schüler*innen zu entwickeln. Neben sachbezogenen Kriterien können in die Bewertung auch soziale und personale Kompetenzen einbezogen werden, wie z. B. die Übernahme von Verantwortung, die Anstrengungsbereitschaft sowie der Umgang mit Frustration etc.

- Geschlechtsbezogene Wertvorgaben, etwa in Form einer nach Geschlecht differenzierten Normtabelle zur Bewertung der Ausdauerfähigkeit beim Radfahren (20 km) oder beim Inlineskating (10 km) kommen bspw. im Sportabitur in NRW zur Anwendung (vgl. MSW NRW, 2016) und müssen von der Sportlehrkraft berücksichtigt werden. Allerdings erscheint es unter einer geschlechterpädagogischen Perspektive geboten, derartige Vorgaben im Unterricht zu thematisieren. Unter der pädagogischen Perspektive „das Leisten erfahren und einschätzen" könnte gemeinsam mit den Schüler*innen recherchiert werden, wie unterschiedliche geschlechtsbezogene Leistungsbewertungen im Radfahren oder Inlineskating entstanden sind und welche Problematik damit verbunden ist: Diese Normtabellen werden einerseits den intrageschlechtlichen Unterschieden innerhalb einer Genusgruppe nicht gerecht und führen zu erheblichen Ungerechtigkeiten. Andererseits verlangen sie von TIN* Personen, dass sich diese eindeutig einer Geschlechtsgruppe zuordnen, um bewertet werden zu können, was für sie eine besondere Herausforderung darstellt.

- Im Rahmen von Prüfungen in fachpraktischen Kursen wie *Radfahren* oder *Inliner und Waveboard* an der Universität sollte das Zeitfahren nur einen Teil der Note ausmachen, der durch die Ergebnisse aus der Prüfung weiterer Fähigkeiten bzw. Fertigkeiten ergänzt wird.

10.9   Zweikampfsport – Ringen und Kämpfen

▶   Tipp

- vom Miteinander zum Gegeneinander
- spielerische Anbahnung von Körperkontakt
- Regeln in Bezug auf Körperkontakt festlegen
- Differenzierung durch wechselnde Paarungen

Das Bewegungsfeld ‚Ringen und Kämpfen – Zweikampfsport' umfasst norm-ungebundene Kampfformen oder Zweikampfformen mit direktem Körperkontakt (z. B. Ringen, Judo) oder Zweikampfformen mit Gerät (z. B. Fechten). Neben dem klassischen, im Leistungssport verankerten Zweikampf, werden in Bildungskontexten auch Gruppenkämpfe durchgeführt. Dieses Bewegungsfeld bietet insofern pädagogisches Potenzial für den Schulsport, als Schüler*innen die Gelegenheit bekommen, in einem festen Rahmen und unter Einhaltung fester Regeln das Kämpfen und körperliche Auseinandersetzung zu erfahren (Klei, 2016, S. 167).

Geschlechtsbezogene Erwartungen und Effekte
Kampfsport unterliegt oftmals einer geschlechtsbezogenen Konnotation, da er häufiger von Jungen und Männern ausgeführt und auch medial entsprechend präsentiert wird. Dieser Eindruck kann sich auch im Sportunterricht und den fachpraktischen Kursen des sportwissenschaftlichen Lehramtsstudiums nieder-schlagen, indem die Lernenden (unbewusst) Vorannahmen mitbringen, nach welchen Männern grundsätzlich mehr Kraft und Kompetenz zugeschrieben wird. Dies kann bei weiblichen, trans*, inter* und nicht-binären Studierenden z. B. zögerliches Verhalten oder Angst vor Abwertung erzeugen. Auch aufgrund unterschiedlicher (geschlechtsbezogener) Vorerfahrungen, Zugangsweisen und Erwartungen v. a. im Hinblick auf mit hegemonialer Männlichkeit verbunde-nen Normen, wie z. B. Stärke und Aggressivität, kann der Kampfsport viele Schüler*innen bzw. Studierende zunächst abschrecken oder zumindest Skepsis bei ihnen erzeugen.

- Bei der Vermittlung von Ringen und Kämpfen bzw. Zweikampfsportarten ist es daher wichtig herauszustellen, dass es weniger um ein Gegeneinander, son-dern vielmehr um eine chancengleiche und faire Begegnung geht. Ziel ist es, sich im Rahmen eines respektvollen Miteinanders gemeinsam weiterzu-entwickeln. Dies bietet sich insbesondere dann an, wenn Schüler*innen bzw. Studierende grundsätzlich über wenig Vorerfahrung in diesem Feld verfügen.
- Gerade unter adoleszenten Schüler*innen kann es zu großen inter-, aber auch intrageschlechtlichen Differenzen kommen, die berücksichtigt werden sollten. Je eher angehende Lehrkräfte sich dessen bewusst sind, desto differenzier-ter können sie unterrichten, ohne dabei geschlechtsbezogene Ungleichheiten zu reproduzieren. Hierbei bietet sich ein Spiralcurriculum an, bei dem nicht nur die innerfachliche Logik eines Inhalts, sondern auch entwicklungs- und lernpsychologische Faktoren berücksichtigt werden, sodass Themen im Laufe

der Einheit immer wieder auf einem jeweils höheren Niveau aufgegriffen und differenziert werden.

- Narrative über Kampfsport sollten keine geschlechtsbezogenen Stereotype reproduzieren. An Mädchen und Frauen gerichtete Angebote werben oftmals unter Rekurs auf deren Selbstverteidigungsfähigkeit (i. S. v. Kampfsport ist auch etwas für Mädchen, da sie dabei lernen, sich selbst zu verteidigen), was allerdings ein Machtgefälle reifizieren kann. Zugleich belegen Statistiken, dass Gewalt v. a. bei jungen Männern untereinander zu beobachten ist (BMFSFJ, 2004, S. 61 ff.).

- Judo bietet ein besonderes Potenzial, die Relevanz von Geschlechtsidentität in den Hintergrund zu rücken und individuelle Stärken hervorzuheben: Hierbei kann auf die japanischen Bezeichnungen (z. B. ,Uke, und ,Tore' für Part-ner*in) zurückgegriffen werden, da diese geschlechtsneutral sind. Auch ist den Werten des Judo die individuelle Rücksichtnahme aufeinander inhärent, was z. B. in der Verbeugung vor und nach dem Kampf als Geste gegenseitigen Respekts zum Ausdruck kommt.

- Ein (Rück-)Bezug zu theoretischen Elementen kann erfolgen, indem Studierende z. B. lerngruppenspezifische Herausforderungen in Kurzreferaten vorstellen und unter sportpädagogischer Perspektive reflektieren, um sich auf unterschiedliche Lerngruppen vorzubereiten. Dabei sollte deutlich werden, dass Schüler*innen sich in vielfacher Hinsicht unterscheiden und Geschlecht dabei nur ein Merkmal von vielen ist.

- Die im Lehramtsstudium reflektierten Methoden sowie ein großes Repertoire an Aufwärmübungen können auch im Sportunterricht gewinnbringend eingesetzt werden, um Schüler*innen – unabhängig von der Kategorie Geschlecht – für das Ringen und Kämpfen bzw. den Zweikampfsport zu begeistern. Gerade Kampfsport eignet sich gut, unter vielfältigen pädagogischen Perspektiven betrachtet zu werden. Darüber hinaus können neben den Kampf- und Falltechniken auch weitere Elemente des Kampfsports thematisiert werden, wie z. B. Körperwahrnehmung und -spannung, konditionelle Fähigkeiten, Atmung und Mindset.

Bildung von Teams/Tandems

Da Kämpfen eine körperkontaktintensive Sportart darstellt, kann es unter Schüler*innen/Studierenden zu geschlechtshomogener Gruppenbildung kommen. Dies stellt nicht nur eine Verunsicherung für jene dar, die sich nicht dem binärgeschlechtlichen System zuordnen, auch können hierdurch Entwicklungspotenziale und Erfahrungsräume eingeschränkt sowie Stereotype perpetuiert werden.

- Bei anfänglichen Berührungsängsten können Schüler*innen/Studierende bei der Einführung in den Zweikampf selbst eine*n Partner*in wählen. Im weiteren Unterrichts-/Kursverlauf sollte allerdings darauf geachtet werden, dass unterschiedliche Konstellationen zustande kommen und prinzipiell alle bereit sind, mit- und gegeneinander zu kämpfen. Dazu können bspw. auch Dreiergruppen gebildet werden.
- Um Hemmungen aufgrund von Körperkontakt entgegenzusteuern, sollten zunächst Gruppenkämpfe in größeren geschlechtsheterogenen Teams erfolgen und erst abschließend Zweikämpfe durchgeführt werden.

Im Alltagsverständnis wird Kampfvermögen und -verhalten oftmals (unbewusst) mit Männlichkeit assoziiert, sodass einige Schüler*innen bzw. Studierende bei der Partner*innen- bzw. Gruppenwahl systematisch benachteiligt werden können.

- Grundsätzlich sollte die gegenseitige Rücksichtnahme etwaige Ängste vor Kontaktsport abbauen und Schüler*innen/Studierenden immer eingeräumt werden, ihre Grenzen frei kommunizieren zu können. Ferner kann hervorgehoben werden, dass die Geschlechtszugehörigkeit nicht automatisch zu Vor- bzw. Nachteilen im Kampf führt, sondern es dabei vielmehr auf Taktik und Technik bzw. Geschicklichkeit ankommt.
- Um den Kompetenzerwerb zu steigern, sollten Lehrpersonen zudem darauf achten, dass es zu einer Durchmischung der Paare kommt, sodass einzelne Schüler*innen/Studierende weder als permanent Unterlegene noch Überlegene aus dem Kampf hervorgehen. Vielmehr sollten diese dazu angeregt werden, sich selbst herauszufordern, etwa indem auch eine (besonders leistungsstarke) Person gegen zwei andere kämpft.

Geregelter Umgang mit Körperkontakt
Die hohe Sichtbarkeit des eigenen Körpers sowie der enge Körperkontakt im Kampfsport können sowohl bei Schüler*innen/Studierenden als auch Lehrkräften/ Lehrenden geschlechtsbezogene Unsicherheiten evozieren.

- Beim Ringen und Kämpfen ist grundsätzlich ein sensibler Umgang mit Körperkontakt von großer Bedeutung. Zu Beginn des Unterrichtsvorhabens bzw. Kurses kann zunächst ein geringes Maß an Körperkontakt gefordert werden, das sukzessive gesteigert wird, um dadurch allen, insbesondere aber zurückhaltenden Schüler*innen/Studierenden die Gelegenheit einer Eingewöhnung zu bieten. Unterstützt werden kann dies mithilfe (geschlechts-)heterogener For-mationen in den vorangegangenen Gruppenkampfphasen. Des Weiteren bietet sich eine spielerische Heranführung an Körperkontakt an. Typische Spiele hierfür sind z. B. Begrüßung, Sandwichspiel oder Hahnenkampf.[17]

- Es sollte von Anfang an kommuniziert werden, welche Ausführungen von Bewegung und Körperkontakt im Rahmen des Unterrichts/Kurses stattfinden, sodass eine geschlechtsunabhängige Bekleidungsempfehlung ausgesprochen werden kann. So ließe sich insbesondere für die Stunden, in denen Griffe geübt werden, Sportkleidung mit langen Ärmeln und Hosen vorsehen, die weder zu eng noch transparent ist. Auf diese Weise könnten Abrutschen und direktes Anfassen minimiert werden. Lange Bekleidung schützt ferner vor Schürfwunden im Bodenkampf. Des Weiteren sollten weder Schmuck noch Piercings getragen werden. Fingernägel (und Zehennägel, sofern barfuß gekämpft wird) müssen kurz geschnitten sein. Künstlich aufgeklebte Fin-gernägel können abreißen und bei der betreffenden Person zu erheblichen Verletzungen führen.

- Eindeutige Regeln sollten unter Verweis auf Sicherheitsaspekte und Verlet-zungsrisiken begründet werden. So kann der hohe Grad an Bodenkontakt etwa zu Abriebverletzungen führen. Das Fallen aus dem Stand bringt aufgrund der Höhe und Geschwindigkeit weitere Risiken mit sich.

- Zu Beginn des Unterrichtsvorhabens/Kurses sollten universelle, aber sogleich im Prozess veränderbare Regeln aufgestellt werden, die alle – unabhängig von ihrer Geschlechtsidentität – befolgen müssen. Dabei sollten vor allem Körper-stellen festgelegt werden, deren bewusste Berührung im Kampf zu vermeiden ist. Körperzonen, die nicht berührt werden dürfen, lassen sich gemeinsam vereinbaren und z. B. auf einem Poster, das den Körperumriss darstellt, fest-halten. Dabei sollte Schüler*innen sowie Studierenden zugestanden werden, bestimmte Formen von Berührung abzulehnen („Ich möchte das nicht!"), ohne sich rechtfertigen zu müssen. Lehrpersonen sollten bei Kämpfen beson-ders präsent sein und das Unterrichts- bzw. Kursgeschehen beobachten und entsprechend einordnen können.

---

[17] Beim Spiel *Begrüßung* gibt die Lehrkraft ein Körperteil vor, mit dem sich die Spie-ler*innen einander begrüßen (z. B. Hand, Fuß, Rücken, Nase). Das *Sandwichspiel* erfordert ein Stückweit mehr Körperkontakt, da je nach Kommando (z. B. Hamburger, Pommes) sich eine bestimmte Anzahl von Spieler*innen übereinander legt. *Hahnenkampf:* Zwei Spie-ler*innen hüpfen, auf einem Bein stehend und mit vor dem Körper verschränkten Armen, aufeinander zu und versuchen einander durch Körperkontakt aus dem Gleichgewicht zu bringen (vgl. RGUVV, 2000, S. 24 f.).

- Um die eigenen, aber auch die Grenzen der Mitschüler*innen/ Kommiliton*innen kennenzulernen, bietet sich z. B. das ,Klammerspiel‘[18] mit anschließendem Reflexionsgespräch an.
- Gleichzeitig sollte Schüler*innen/Studierenden, die an manchen Tagen keinerlei Körperkontakt wünschen (bspw. während der Menstruation), auch die Option eingeräumt werden, gänzlich auf diesen zu verzichten.
- Indem angehende Lehrkräfte sich bewusst mit Körperkontakt auseinandersetzen, können sie durch unterschiedliche Erfahrungen in diesem Zusammenhang Situationen erkennen, die ihre (geschlechtsbezogenen) Erwartungen irritieren, und gleichermaßen herausfordernde Situationen antizipieren, um diesen im eigenen Unterricht souverän zu begegnen.

Differenzierung

Um allen Schüler*innen/Studierenden in ihrer Heterogenität eine gleichberechtigte Teilhabe zu ermöglichen, sind Differenzierungen notwendig. Wird dabei allerdings geschlechtsbezogen pauschalisiert („Jungen nehmen sich bitte etwas zurück, wenn sie mit einem Mädchen kämpfen."), können hieraus gruppenbezogene Abwertungen resultieren und Schüler*innen/Studierende in ihren individuellen Leistungspotenzialen eingeschränkt werden.

- Bei der Vermittlung von Kampfsportarten sollten unterschiedliche Ausgangsniveaus berücksichtigt werden. Leistungsstärkere sollten dabei aber nicht pauschal an der Ausübung ihrer Fähigkeiten gehindert werden, da dies eine Einschränkung ihres Kompetenzerwerbs zur Folge haben kann. Vielmehr können nach gemeinsamen Überlegungen gewisse Erschwernisse auferlegt werden, wie z. B. das Halten von Socken in den Händen, um nicht so gut greifen zu können (Klei, 2016, S. 183). Leistungsstarken Schüler*innen und Studierenden sollten auch Möglichkeiten gegeben werden, ihre Leistung auszubauen, z. B. durch das Erlernen/Aneignen einer neuen Technik. Ihnen kann auch überlassen werden, sich selbst Ziele zu stecken. Zudem könnten sie als Expert*innen eingesetzt werden, um auf diese Weise ihre Vermittlungsfähigkeit weiterzuentwickeln.
- Übungskämpfe sollten zum Anlass einer Auseinandersetzung mit dem eigenen Körper genommen werden, um individuelle Stärken zu ermitteln, die

---

[18] Beim *Klammerspiel* wird an einer beliebigen Stelle der Kleidung eine Klammer befestigt, die im Fangspiel entwendet werden soll. Hieraus können im späteren Kampf zulässige Berührzonen abgeleitet werden.

geschlechtsunabhängig wirken. So haben bspw. im Judo leichtere Personen nicht automatisch einen Nachteil.

- In einigen Gruppen kann es sich anbieten, die Schüler*innen bzw. Studierenden selbst Regeln entwickeln zu lassen. Obgleich viele männliche Studierende/ Schüler dazu neigen, besonders vorsichtig gegenüber weiblich gelesenen Studierenden/Schüler*innen zu sein, sollte darauf geachtet werden, niemanden zu bevormunden. Viele wünschen sich eine*n leistungsstarke*n Partner*in, der*die sie herausfordert und somit den Ausbau von Kompetenzen und Erfolgserlebnisse ermöglicht. Derartige Situationen können für Beobachtungen zum Anlass genommen werden, die anschließend besprochen werden. In diesem Rahmen lassen sich Geschlechtskonstruktionen reflektieren.

Leistungsbewertung
Lehrende sollten sich ihrer Vorannahmen bewusst sein, um geschlechterstereotypes Denken zu vermeiden, da es deren Leistungsbewertung beeinflussen kann. Andernfalls besteht die Gefahr, dass männliche Lernende aufgrund ihres Geschlechts systematisch bessere Noten erhalten als weibliche Lernende.

- Um geschlechtsbezogene Vorurteile zu dekonstruieren, bietet sich bspw. Judo an, da hier keine geschlechtsbezogenen Regularien gelten und das Ziel verfolgt wird, durch den Zweikampf miteinander den gegenseitigen Fortschritt zu fördern.
- Bei der Bewertung sollten geschlechtsunabhängige Kriterien herangezogen werden, wie etwa die korrekte Umsetzung zuvor eingeführter Techniken im kooperativen Gruppenkampf, das Anwenden taktischer Mittel (vgl. Klei, 2016, S. 184), die Überwältigung von Gegner*innen sowie Bewegungsgefühl und -fluss.
- In vielen Kampfsportarten wird ein spezifisches Wertesystem vermittelt, das auf Fairness und Respekt basiert. Dieses bietet Potenziale, geschlechtsbezogene Kategorisierungen zu überwinden und von Studierenden auch für den künftigen Beruf als Lehrkraft nutzbar gemacht zu werden.

10.10 Training im Schulsport

▶ **Tipp**

* Berücksichtigung des individuellen Leistungsstands
* Vielfältige Übungsvariationen erproben

Vorbemerkung
Im fachpraktischen Kurs ‚Training im Schulsport' erwerben Studierende Grundlagen im Bereich des Ausdauer-, Kraft-, Schnelligkeits-, Beweglichkeits- und Koordinationstrainings. Ziel des Kurses ist es, die Studierenden dazu zu befähigen, Trainingsprozesse im Sportunterricht – insbesondere unter Berücksichtigung heterogener Lerngruppen und der pädagogischen Perspektiven – zu gestalten. Im Fokus steht neben der Aneignung trainingswissenschaftlicher Kenntnisse explizit die Ausbildung didaktisch-methodischer Kompetenzen.

Geschlechtsbezogene Erwartungen und Effekte
In Alltagsannahmen wird sportmotorische Leistungsfähigkeit oftmals unmittelbar an das Erscheinungsbild einer Person geknüpft, wodurch geschlechtsbezogene Ungleichheiten reifiziert werden können. Demzufolge wird mit Blick auf die motorischen Fähigkeiten und Fertigkeiten Männern häufig eher Kraft und Frauen eher Beweglichkeit zugeschrieben, was sich auch im fachpraktischen Kurs ‚Training im Schulsport' niederschlagen kann. Studierende bringen meist nicht nur unterschiedliche konditionelle und koordinative Fähigkeiten sowie verschiedene Vorerfahrungen in Bezug auf das Training mit, sondern oft auch geschlechtsbezogen unterschiedliche Erwartungen, was das Training betrifft. Derartige Erwartungen können sie auch an ihre künftigen Schüler*innen richten.

* In dem Kurs sollten daher interdisziplinäre Erkenntnisse, z. B. aus Trainingswissenschaft, Sport- und Biomedizin sowie einer geschlechtersensiblen (Sport-)Medizin Eingang finden, die eine differenzierte Auseinandersetzung mit konditionellen und koordinativen Fähigkeiten und den Einflussfaktoren hierauf ermöglichen. Dabei sollte das äußere Erscheinungsbild sowie das Geschlecht explizit thematisiert werden, um fundiert bewerten zu können, inwiefern biologische Unterschiede von Männern und Frauen (etwa in Bezug auf Körpergröße, Knochenmasse, Muskelmasse, Körperfettanteil, Hormone, etc.) tatsächlich Einfluss auf (spezifische) Fähigkeiten nehmen oder ob und inwiefern es sich hierbei um Zuschreibungen handelt. Unter Rückgriff auf

sportpädagogische Literatur sollten die Möglichkeiten eines geschlechtsunabhängigen Trainings im Sportunterricht – auch vor dem Hintergrund der Heterogenität der Lerngruppen – reflektiert werden.

- Es sollte verdeutlicht werden, dass die Potenziale für Kraft und Beweglichkeit nicht pauschal binärgeschlechtlich verortet werden können. So können Unterschiede im Erscheinungsbild (geschlechtsunabhängig) thematisiert werden. In diesem Zusammenhang bietet es sich an, gesellschaftlich – insbesondere über Social Media – vermittelte Körperbilder und deren Einfluss auf die Schüler*innen zu diskutieren.

- Es sollte bewusst hervorgehoben werden, dass die Ausprägung bestimmter Fähigkeiten auf das Training und nicht auf die Zugehörigkeit zu einem bestimmten Geschlecht zurückzuführen ist. Dabei ist allerdings auch zu vermitteln, dass das Geschlecht u. U. insofern Einfluss auf die Ausprägung sportbezogener Fähigkeiten haben kann, als bspw. Jungen und Mädchen nicht in derselben Weise gefördert werden.

- Die pauschale Annahme, dass Mädchen grundsätzlich beweglicher sind als Jungen, kann infrage gestellt werden, indem z. B. anhand des Sit-and-Reach-Tests (Schiemann & Pargätzi, 2016) eine Beweglichkeitsdiagnostik durchgeführt und die Ergebnisse innerhalb des Kurses verglichen werden. Dabei zeigt sich, dass die Beweglichkeit auch innerhalb einer Geschlechtsgruppe erheblich variiert und große Überschneidungen zwischen den Geschlechtern vorliegen. Hierbei ist es wichtig, den Studierenden deutlich zu machen, dass die grundsätzliche Erwartung, Mädchen seien beweglicher, zu falschen Bewertungen und Fehlentscheidungen beim Training führen kann.

Angesichts hegemonialer Männlichkeitsnormen kann es im fachpraktischen Kurs dazu kommen, dass Studenten kompetitiver auftreten und sich häufiger in den Mittelpunkt stellen als Studentinnen, während diese sich im Training oftmals zu wenig zumuten, sodass sie weniger kraftintensive Übungen wählen und so geringere Trainingseffekte erzielen.

- Werden derartige Verhaltensmuster von der Lehrperson beobachtet, können diese als ein allgemein im Alltag zu beobachtender Aspekt aufgegriffen und als Reflexionsanlass genutzt werden. Dabei kann den Studierenden verdeutlicht werden, inwiefern sie (unbewusst) geschlechtsbezogenen Normen unterliegen. Auf diese Weise können Studierende für geschlechterstereotypes Verhalten im Sport sensibilisiert und in die Lage versetzt werden, derartige Phänomene in ihrem künftigen Unterricht zu identifizieren und zusammen mit den Schüler*innen aufzuarbeiten. Im Rahmen derartiger Reflexionsprozesse können Vorschläge entwickelt werden, die zu einem an Geschlechtergerechtigkeit orientierten Sozialverhalten führen und so Möglichkeiten zur Entfaltung individueller Leistungsfähigkeit eröffnen. In diesem Zusammenhang könnten alle Studierenden dazu aufgefordert werden, beim nächsten Übungsdurchgang entweder eine kraftintensivere Übung auszuwählen oder – diejenigen, die bereits eine kraftintensive Übung durchgeführt haben – eine entsprechend weniger kraftintensive Übung durchzuführen, um durch diesen Kontrast Unterschiede im körperlichen Erleben festzustellen.

- Ähnliche Verhaltensweisen können auch im Sportunterricht vorkommen. Insbesondere in der Pubertät sind – vor dem Hintergrund des meist sehr unterschiedlichen körperlichen Entwicklungsstands der Schüler*innen – immer wieder geschlechterstereotype Äußerungen zu hören, die auf Vorurteilen beruhen und die gemacht werden, um die eigene Unsicherheit im Verhalten zu überspielen. Lehrkräfte sollten für solche Vorgänge sensibel sein und in geeigneter Form eingreifen. Insbesondere ist darauf zu verweisen, dass Aussehen und Leistungsideale nicht geschlechtsbezogen determiniert sind.
- Gerade Heranwachsende sind je nach sportlicher und geschlechtsbezogener Sozialisation bereit, entweder ihr Können in besonderem Maße unter Beweis zu stellen oder aber sie wollen sich eher im Hintergrund halten. So unterwerfen sich Schüler bisweilen zu hohen Leistungsansprüchen und setzen sich der Gefahr aus, sich zu verletzen. Mädchen und TIN* Personen hingegen halten sich eher zurück, äußern seltener ihre Bedürfnisse und wenn sie dies tun, finden sie seltener Gehör. Lehrkräfte sollten um diese Verhaltensweisen wissen und mit ihren Schüler*innen darüber sprechen sowie Methoden wählen, die allen Schüler*innen eine gleichberechtigte Teilhabe ermöglichen.
- Schüler*innen einer Lerngruppe unterscheiden sich in ihrer Entwicklung sowie ihren bewegungsbezogenen Fähigkeiten und Fertigkeiten in erheblichem Maße. Im Unterricht bedarf es deshalb vielfältiger Differenzierungsmaßnahmen, damit alle optimal gefördert werden können. Je mehr Methoden zur Differenzierung angehende Lehrkräfte kennenlernen, desto vielfältiger können sie diese Methoden in der späteren Berufspraxis einsetzen.

Gruppenbildungsprozesse

Studierende sowie Schüler*innen im Sportunterricht neigen dazu, sich geschlechtshomogen zu gruppieren. Dies geschieht z. B. nach Aufforderung, sich in Paaren oder in Kleingruppen zusammenzutun, um gemeinsam Aufgaben zu lösen, zu üben bzw. zu trainieren. Durch die Bildung derartiger geschlechtshomogener Übungs- oder Arbeitsgruppen kann sich jedoch der Gedanke weiter verfestigen, Geschlechterdifferenzen als von Natur aus gegeben zu erachten. Um dem entgegenzuwirken, sind folgende Maßnahmen zu empfehlen:

- Zur Bildung von Gruppen und Paaren könnten gesteuerte Zufallsverfahren herangezogen oder ein Rotationsprinzip eingeführt werden, sodass im Laufe des Unterrichts möglichst viele unterschiedliche Personen miteinander inter-agieren. Je mehr Handlungsalternativen angehende Lehrkräfte diesbezüglich kennen, desto flexibler können sie diese in ihrem späteren Sportunterricht einsetzen.
- Auch sollten bei Gruppenbildungsprozessen intrageschlechtliche Unterschiede hervorgehoben werden. Dies kann z. B. dadurch erfolgen, indem die Lehrkraft vorgibt, dass geschlechtshomogene Paare gegeneinander laufen und darauf-hin das Ergebnis der Laufleistung nutzen, um im nächsten Unterrichtsschritt geschlechtsunabhängig leistungshomogene Teams zu bilden.

Differenzierung
Wenn Differenzierungen vorgenommen werden, dann ist darauf zu achten, dass die Bezeichnungen für die differenzierten Übungen oder Aufgaben frei von Abwertungen sind. Das bedeutet, dass eine Bezeichnung wie ‚Frauenlie-gestütz‘ in einem geschlechtersensiblen Sportunterricht bzw. fachpraktischen Kurs nichts zu suchen hat, denn sie ist Ausdruck eines geschlechtsbezogenen Überlegenheitsimperativs.

- Sofern pejorative und exkludierende Bezeichnungen verwendet werden, ist dies anzusprechen, die Bedeutung und Wirkung der gewählten Bezeichnung bewusst zu machen und für die Bezeichnung eine Alternative zu suchen („Frauenliegestütz" = „Knieliegestütz").
- Gerade Studierenden im Kurs ‚Training im Schulsport‘ ist zu vermitteln, dass Training nur dann effizient ist, wenn die Übungen an die jeweiligen Eingangs-voraussetzungen der Adressat*innen angepasst werden. Entsprechend sollten geschlechtsbezogene Modifikationen vermieden und stattdessen der indivi-duelle Leistungsstand erhoben und im nachfolgenden Trainingsprogramm berücksichtigt werden. Dies ist sowohl aus sportpädagogischer als auch aus trainingswissenschaftlicher Sicht sinnvoll.
- Um eine optimale Differenzierung zu erreichen, können Übungen, Geräte und Materialien eingesetzt werden, die unterschiedliche Ausführungsmöglichkei-ten zulassen oder sich an die individuelle Leistungsfähigkeit anpassen lassen. Spezielle Ausführungsvariationen sind geeignet, die individuellen Bedürfnisse

weitestgehend zu berücksichtigen. Um allen Schüler*innen und Studierenden eine möglichst hohe Trainingseffizienz zu verschaffen, kann Stationsarbeit durchgeführt werden, z. B. in Form eines Zirkeltrainings, bei dem verschiedene Übungen (an Geräten und unter Einsatz weiterer Materialien) an das eigene Leistungsniveau angepasst werden. Auch ist es sinnvoll, das eigene Körpergewicht zum Ausgang für Bodyweight-Übungen[19] zu nehmen.

Die *binär* strukturierten Leistungsklassen im wettkampforientierten Sport können sich auch auf die Einstellungen der Schüler*innen und Studierenden auswirken, indem über diese Leistungsklassen die Vorstellung eines geschlechtsbezogenen Leistungsgefälles innerhalb der Lerngruppe vermittelt wird. Dies könnte dazu führen, dass individuelle Differenzen ignoriert werden. Dem ist aber entgegenzuhalten, dass es auch erhebliche intrageschlechtliche Unterschiede gibt.

- Die individuellen Voraussetzungen der einzelnen Schüler*innen bzw. Studierenden sollten beim Thema ‚Beanspruchungsorientierung' angesprochen werden. Bei der individuellen Dosierung ist zu beachten, wie der Körper auf das Training reagiert. Ein effektives Training ist nur in individualisierter Form möglich. Allen Schüler*innen/Studierenden z. B. zehn Liegestütze vorzugeben, wäre kontraproduktiv.
- Im Rahmen des fachpraktischen Kurses ist es wichtig, den Studierenden zu vermitteln, dass mit Blick auf den schulischen Sportunterricht der Trainingsfortschritt als Bezugsgröße für die zu absolvierenden Wiederholungen genommen wird. Ein Kraftausdauertraining arbeitet z. B. mit mehr Wiederholungen und einer anderen Intensität als ein Maximalkrafttraining. In diesem Fall wäre der Trainingsfortschritt v. a. am Gewicht (oder an dem Niveau der Übung), das die Schüler*innen bewältigen können, ablesbar. Wichtig ist in diesem Fall, den Lernfortschritt nicht nur an den Trainingsfortschritt zu koppeln, sondern auch kognitive, affektive und methodische Lernziele zu berücksichtigen (z. B. dass die Schüler*innen die Übungen in angemessener Weise auswählen, variieren und im Ablauf planen können).
- Um die Schüler*innen in ihren individuellen Fähigkeiten optimal fördern zu können, sollten sich Studierende innerhalb des Kurses mit individuellen Voraussetzungen auseinandersetzen und dazu befähigt werden, differenzierte Angebote zur Förderung konditioneller und koordinativer Fähigkeiten zu

---

[19] Hierbei handelt es sich um Übungen, bei denen das eigene Körpergewicht als Widerstand herangezogen wird. Derartige Übungen erlauben ein Ganzkörpertraining ohne weiteres Equipment und sind in ihrem Schweregrad individuell skalierbar.

machen. Aus den eigenen Erfahrungen innerhalb ihrer Ausbildung können Studierende dann didaktisch-methodische Settings ableiten, die sie im Sportunterricht einsetzen.

Leistungsbewertung
Aufgrund der Kurspezifik in den Ausbildungskursen ‚Training im Schulsport' stehen bei der Leistungsbewertung der künftigen Sportlehrkräfte Vermittlungsaspekte im Fokus. Dabei wird v. a. überprüft, ob die Studierenden in der Lage sind, für eine bestimmte Adressat*innengruppe und unter bestimmten Zielsetzungen ein passendes Unterrichtssetting zur Förderung einer bestimmten konditionellen oder koordinativen Fähigkeit zu planen und im Unterricht durchzuführen.

Mit Blick auf die Leistungsbewertung bei einem Unterrichtsvorhaben zum Training im Schulsport ist es wichtig, die Bewertung möglichst nach individuellen Bezugsnormen vorzunehmen und breite Standards zu setzen, d. h. nicht nur motorische Lernziele, sondern ebenso kognitive, affektive und soziale in die Bewertung einzubeziehen.

Literatur

Breuer, M., & Peters, O. (2020). *Sportspielvermittlung. Spielfähigkeit vermitteln, spielfähig werde – aber wie? sportpädagogik, 3/4*, 2–9.
Bruckmann, M., Dieckert, J., & Herrmann, K. (1991). *Gerätturnen für alle. Freies Turnen an Geräten*. Pohl-Verlag.
Bundesministerium für Familie, Senioren, Frauen und Jugend (BMFSFJ). (2004). *Gewalt gegen Männer in Deutschland. Personale Gewaltwiderfahrnisse von Männern in Deutschland*. Pilotstudie.
Bundesjugendspiele. (04. Juni 2024). Allgemeines. https://www.bundesjugendspiele.de/han dbuch/wettkampf-geraetturnen/erlaeuterungen-wettkampf-geraetturnen/).
Deutscher Sportbund. (Hrsg.). (2006). *DSB-Sprint Studie. Eine Untersuchung zur Situation des Schulsports in Deutschland*. Meyer & Meyer.
Gerling, I. (2006). *Kinderturnen: Helfen und Sichern*. Meyer & Meyer.
Gieß-Stüber, P., Neuber, N., Gramespacher, E., & Salomon, S. (2008). Mädchen und Jungen im Sport. In W. Schmidt (Hrsg.), *Zweiter deutscher Kinder- und Jugendsportbericht* (S. 63–83). Hofmann.
Gromeier, M., Köster, D., & Schack, T. (2017). Gender Differences in Motor Skills of the Overarm Throw. *Frontiers in psychology 8*.
Kaminsky, D. (2020). *Social Partner Dance. Body, Sound, and Space*. Routledge.
Kastrup, V., & Kleindienst-Cachay, C. (2021). *Sport unterrichten – (k)ein Traumjob? : Sportlehrkräfte berichten aus ihrem Berufsalltag*. Schneider-Verlag Hohengehren.
Kiphard, E. J. (1989). *Psychomotorik in Praxis und Theorie*. Flöttmann.

Klei, S. (2016). Ringen und Kämpfen. In C. Kleindienst-Cachay, J. Frohn, & V. Kastrup (Hrsg.), *Sportunterricht* (S. 165–198). Schneider-Verlag Hohengehren.

Kuhr, M., & Keßel, P. (2016). Geschlechterbewusst Bewegungsangebote im Dialog entwickeln und begleiten. *Praxis der Psychomotorik, 41*(3), 130–135).

Kunze-Langenfeld, U. (2012). *Psychomotorisch orientierter Sportunterricht: Spiele – Hintergrundwissen – Stundenbeispiele.* Borgmann Media.

Lexikon der Psychologie. (31. Mai 2024). Halo-Effekt. Spektrum.de. https://www.spektrum.de/lexikon/psychologie/halo-effekt/6232.

Menze-Sonneck, A. (2001). Schulsport in Brandenburg und Nordrhein-Westfalen. Ausgewählte Aspekte einer komparativen Studie. *Sportunterricht: Monatsschrift zur Wissenschaft und Praxis des Sports, 50*(8), 259–266.

Menze-Sonneck, A. (2016). Inhaltsbereich 5: Bewegen an und mit Geräten - Turnen und Akrobatik . In C. Kleindienst-Cachay, J. Frohn, & V. Kastrup (Hrsg.), *Sportunterricht* (S. 105–121). Schneider-Verlag Hohengehren.

Mertens, M. (2021). BallKoRobics – Nutzung der Sportart zur Erweiterung gestalterischer Kompetenzen für Tanzungeübte. *Lehrhilfen für den Sportunterricht, 70*(12), 559–563.

Mertens, M. (2024). Problemfelder bei der Leistungsbewertung von Sportspielen – Hinweise für die Alltagspraxis. *Sportunterricht, 73*(5), 219–225.

Ministeriums für Schule und Bildung (Hrsg.). (2021). Lehrplan für die Primarstufe in Nordrhein Westfalen. Fach Sport. In *Lehrpläne Primarstufe* (S. 199–226).

Ministerium für Schule und Weiterbildung des Landes Nordrhein-Westfalen. (Hrsg.). (2016). *Richtlinien und Lehrpläne für die Sekundarstufe II – Gymnasium/Gesamtschule in NRW. Prüfungsanforderungen für die Bewertung der sportpraktischen Leistungen im Rahmen der Fachprüfung Sport im Abitur.* https://www.schulsport-nrw.de/fileadmin/user_upload/schulsportpraxis_und_fortbildung/pdf/4734_2_Inhalt.pdf.

Neumann, P. (2009). Wagniserziehung im Schulsport: Eine kritisch-konstruktive Betrachtung. In L. Harald & S. Silke (Hrsg.), *Handbuch Sportdidaktik* (S. 194–205). Spitta-Verl.

Pereira-García, S., López-Cañada, E., & Elling-Machartzki, A. (2022). Dancing queer tango: An experience of queer pedagogy in PESTE. *Journal of Teaching in Physical Education, 41*(1), 99–109. https://doi.org/10.1123/jtpe.2020-0097

Rheinischer Gemeindeunfallversicherungsverband. (Hrsg.). (2000). *Bausteine und Materialien für die Lehrerfortbildung. Kämpfen im Sportunterricht.* Selbstverlag.

Schiemann, S., & Pargätzi, J. (2016). Beweglichkeitstraining im Schulsport. In T. Gerd & B. Martin (Hrsg.), *Training im Schulsport* (S. 297–332). Hofmann.

Schmidt-Sinns, J. (2016). *Alternatives Turnen in Schule und Verein. Bewegungskünste – Erlebnissport.* Meyer & Meyer.

Voss, A. (2003). *Geschlecht im Sport – sozialkonstruktivistische Lesarten.* Hofmann.

Winker, G., & Degele, N. (2010). *Intersektionalität: Zur Analyse sozialer Ungleichheiten* (2. Aufl.). transcript. https://doi.org/10.1515/9783839411490.

Zimmer, R. (2006). *Handbuch der Psychomotorik: Theorie und Praxis der psychomotorischen Förderung von Kindern.* Herder.

Förderung der Geschlechterkompetenz von Sportstudierenden – drei Seminareinheiten zum Thema *Geschlecht im Sport*

Vorbemerkung

Die Entwicklung der Geschlechter- und Diversitätskompetenz ist auch eine Aufgabe der Hochschulbildung (vgl. Wissenschaftsrat, 2008, S. 8), der in der Ausbildung angehender Sportlehrkräfte eine besonders große Bedeutung zukommt. Denn gerade im Sportunterricht besteht aufgrund der Körpernähe und der zweigeschlechtlichen Konstruktion des außerschulischen Sports die Gefahr, geschlechtsbezogene Vorstellungen zu reifizieren und dadurch fortzuschreiben. Um einer Reproduktion von Ungleichheitsverhältnissen durch den schulischen Sportunterricht entgegenzuwirken, ist ein reflektierter Umgang der Lehrkräfte mit Situationen im Sport, in denen Geschlecht relevant gemacht wird, geboten. Dazu sind spezifische Kenntnisse, Einstellungen und Werthaltungen vonnöten.

Zur Förderung geschlechterbezogener Kompetenz bei angehenden Sportlehrkräften bietet sich neben geschlechtersensiblem Lehren in der Hochschullehre allgemein und in sportpraktischen Lehrveranstaltungen im Besonderen auch die explizite Thematisierung von Geschlecht und Sport im Rahmen theoretischer Lehrveranstaltungen an. Ein Beispiel dafür ist die im Folgenden vorgestellte, mehrfach erprobte Lehrkonzeption, die im Rahmen eines sportpädagogischen Pflichtseminars zum Thema *Umgang mit Heterogenität* durchgeführt wurde (Tab. 11.1).

Sitzung 1: Geschlechtsbezogene Zuschreibungen im Sport(-Unterricht)

Die erste Seminarsitzung verfolgt das Ziel, die Studierenden für das Thema Geschlecht und geschlechterbezogene Situationen im Kontext der Sportkultur zu sensibilisieren sowie ihnen ihre eigenen geschlechterbezogenen Vorstellungen

© Der/die Autor(en), exklusiv lizenziert an Springer-Verlag GmbH, DE, ein Teil von Springer Nature 2024
N. Fast et al., *Geschlechtersensibles Lehren im Sport*,
https://doi.org/10.1007/978-3-662-69265-3_11

Tab. 11.1 Themenübersicht

Sitzung 1	**Thema:** Geschlechtsbezogene Zuschreibungen im Sport(-Unterricht)
	Ziel: Die Studierenden werden für das Thema Geschlecht und geschlechterbezogene Situationen im Kontext der Sportkultur sensibilisiert, sodass sie sich ihrer eigenen geschlechterbezogenen Vorstellungen bewusst werden.
Sitzung 2	**Thema:** Zum Umgang mit geschlechtsbezogenen Differenzen im Sportunterricht
	Ziel: Die Studierenden erwerben Wissen darüber, wie geschlechterbezogene Ungleichheit im Sport(-Unterricht) sichtbar wird.
Sitzung 3	**Thema:** „Das ist unfair, wir haben mehr Mädchen im Team!"[1] – Der Umgang mit geschlechtsbezogenen stereotypen Zuschreibungen im Sportunterricht
	Ziel: Die Studierenden werden dazu befähigt, geschlechterrelevante Situationen zu erkennen und einen geschlechtersensiblen Umgang damit zu entwickeln.

bewusstzumachen. Hiermit wird v. a. den Dimensionen ‚Wissen' und ‚Wollen' (vgl. Kap. 3) Rechnung getragen.

In der Eingangsphase des Seminars[2] haben die Studierenden die Aufgabe, in populären Magazinen (z. B. Runner's World, Cosmopolitan, Kicker, Brigitte) geschlechtsbezogene bildliche Darstellungen zu suchen und zu diskutieren. Hierzu werden die Studierenden in Kleingruppen eingeteilt. Jede Gruppe erhält etwa vier bis fünf von den Lehrenden mitgebrachte Zeitschriften. Alternativ kann auch auf digitale Formate zurückgegriffen werden.

Die Studierenden sichten das Material und jede Gruppe präsentiert anschließend exemplarisch zwei bis drei Abbildungen vor dem Hintergrund ihres bereits bestehenden Geschlechterwissens.

---

[1] Das Fallbeispiel stammt von Palzkill und Scheffel (2017).

[2] Die Lehrenden sind sich dessen bewusst, dass der Wissensstand zu dieser Thematik bei Lehramtsstudierenden sehr unterschiedlich sein dürfte, denn das Thema ist auch Gegenstand in anderen Fächern des Lehramtsstudiums, v. a. in den Bildungswissenschaften. Durch das spezifische unterrichtliche Design und die Vermittlung von grundlegendem Wissen versuchen die Lehrenden, auch jene Studierenden zu erreichen, die noch wenig Kenntnisse in dieser Thematik haben.

Im Anschluss sollen die auf dem Alltagswissen der Studierenden basierenden Überlegungen auf den Sport übertragen und unter folgenden Fragen diskutiert werden:

1. Welche geschlechtsbezogenen Vorstellungen kommen im Sport zum Tragen?
2. Was transportieren geschlechtsbezogene Zuschreibungen im Sport?
3. Wie entstehen geschlechtsbezogene Zuschreibungen?

Durch diese didaktische Vorgehensweise wird die Relevanz der Kategorie Geschlecht bewusst gemacht, indem unterschiedliche Stereotype herausgearbeitet werden und bei den Studierenden das Nachdenken über eigene Zuschreibungen angeregt wird.

Antizipiert wird, dass die Studierenden einerseits stereotype Bilder erkennen und präsentieren, andererseits aber auch davon abweichende Abbildungen finden, die ein Aufbrechen binärer Geschlechtervorstellungen aufzeigen.

In der Hauptphase der Sitzung werden zunächst anhand des Videos „Was ist Gender?"[3] erste Überlegungen zur sozialen Konstruktion von Geschlecht angestellt. Der Einsatz des Videos hat zum Ziel, Geschlechtervorstellungen als soziales Konstrukt zu vermitteln.

Im Anschluss tauschen sich die Studierenden zunächst paarweise über den Begriff *gender* aus und überlegen auf dieser Basis, was *doing gender* bedeuten könnte. Danach werden die Begriffe im Plenum geklärt. Als nächstes erhalten die Studierenden den Auftrag, zunächst allein, dann im Austausch mit einem*r Partner*in die folgenden Fragen zu beantworten:

1. Wie erfolgt doing gender im Sport? Inwiefern wird das sozial konstruierte Geschlecht (gender) (re-)produziert? Welche Rolle spielen hierbei z. B. Leistungsklassen, Binarität und Hierarchien?
2. Welche Folgen können geschlechtsbezogene Zuschreibungen im Sport(-Unterricht) haben?

Im Anschluss daran werden die Antworten im Plenum zusammengetragen und diskutiert. Dabei thematisieren die Studierenden insbesondere die sportartspezifische Segregation und die zugeschriebene unterschiedliche Leistungsfähigkeit. Sie erkennen den Aufbau einer Hierarchie zwischen den Geschlechtern und die strukturell verankerte Binarität. Für Jungen und Mädchen im Sport bedeutet dies Unterschiedliches: Jungen werden im Sportunterricht nicht nur in ihren Entwicklungspotenzialen

---

[3] https://www.youtube.com/watch?v=DLnq7MJFjjA

begünstigt, sondern auch einem Überlegenheitsimperativ, also dem Anspruch, besser sein zu müssen als Mädchen, unterworfen. Mädchen dagegen wird im Sport weniger zugetraut, entsprechend werden sie für weniger kompetent gehalten und erhalten in der Konsequenz im Durchschnitt schlechtere Noten im Sport. Dies ist teilweise auch darauf zurückzuführen, dass deren Interessen und Bedürfnisse seltener berücksichtigt und diese in einem geringeren Maße gefördert werden.

Im dritten Teil der ersten Sitzung erfolgt die Ergebnissicherung durch das Verfassen eines Textes in Einzelarbeit. Auf Basis der in der Sitzung diskutierten Aspekte sollen die Studierenden darlegen, inwiefern das Thema geschlechtsbezogener Zuschreibungen im Sport für sie relevant ist, insbesondere mit Blick auf ihre künftige berufliche Tätigkeit. Zudem sollen sie beschreiben, welche Aspekte oder Fragen aus diesem Themenfeld sie als besonders diskussionswürdig erachten. Diese Aufgabe soll die Studierenden v. a. dazu anregen, sich der Relevanz, die sie selbst dieser Thematik zuschreiben, bewusst zu werden.

Sitzung 2: Zum Umgang mit geschlechtsbezogenen Differenzen im Sportunterricht

Die zweite Sitzung verfolgt das Ziel, Wissen darüber zu erwerben, wie sich geschlechterbezogene Ungleichheit im Sport(-Unterricht) zeigt. Darüber hinaus sollen sich die Studierenden ihrer Vorbildfunktion als Sportlehrkraft bewusstwerden und das Konzept eines geschlechtersensiblen Sportunterrichts kennenlernen. D. h., in dieser Sitzung werden v. a. die Dimensionen ‚Wissen' und ‚Wollen' angesprochen. Als Textgrundlage für diese Sitzung dient der Beitrag von Frohn und Süßenbach (2012): *Gendersensibler Schulsport. Den unterschiedlichen Bedürfnissen von Mädchen und Jungen im Sport mit Genderkompetenz begegnen,* der vorab von den Studierenden zu lesen ist.

Eröffnet wird die Sitzung zunächst mit einem Rekurs auf die schriftliche Aufgabe der vorangegangenen Sitzung, um mögliche Klärungsbedarfe zu adressieren, aber auch eine übergreifende Rückmeldung zu den Beiträgen der Studierenden zu formulieren.

Der inhaltliche Einstieg in diese Sitzung erfolgt über die hochschuldidaktische Methode „Vorannahmen formulieren und revidieren" (BiSEd, o. J., S. 86). Die Studierenden erhalten dazu die folgenden, in Kleingruppen zu bearbeitenden Aufgaben:

1. Stell dir vor, du bist Lehrkraft an einer reinen Mädchen- bzw. Jungenschule. Notiere in Stichpunkten, welche Erwartungen du an deine Schüler*innen hast, und lege dar, wie sich das auf dein eigenes Verhalten auswirken könnte.

Beschreibe, wie du den Sportunterricht und die Inhalte gestalten würdest. Formuliere deine Erwartungen stets als „Ich-Botschaft" (z. B. „Ich erwarte, dass meine Schülerinnen…"").

2. Welche geschlechtsbezogenen Unterschiede beschreiben Frohn und Süßenbach (2012) im Hinblick auf den Sport(-Unterricht)?

3. Welche deiner Vorannahmen aus Aufgabe eins konnten durch Frohn und Süßenbach (2012) bestätigt werden? Welche musstest du revidieren?

Diese Methode ermöglicht es, eigene Vorannahmen später mit (empirischen) Ergebnissen abzugleichen. Dadurch können Vorannahmen bewusst gemacht, kritisch hinterfragt und ggf. revidiert werden (BiSEd, o. J., S. 86).

Die Aufgabe erfüllt im Lehr-Lernprozess drei Funktionen: Die Studierenden sollen erstens dazu angeleitet werden, eigene Vorstellungen von geschlechtsbezogenen Unterschieden zu thematisieren und Auswirkungen auf den Sportunterricht herauszuarbeiten. Zweitens sollen beobachtbare geschlechtsbezogene Unterschiede ersichtlich werden und drittens die enorm bedeutsame (Vorbild)Funktion der Sportlehrkraft in Bezug auf geschlechtersensibles Handeln herausgearbeitet werden. Die in der ersten Sitzung thematisierten Überlegungen zur sozialen Konstruktion von Geschlecht dienen als theoretische Grundlage und werden von den Lehrenden immer wieder in Erinnerung gerufen, um einer Essentialisierung geschlechtsbezogener Zuschreibungen entgegenzuwirken. Beobachtbare Unterschiede zwischen den Geschlechtern sollen explizit thematisiert werden, da eine Negierung tendenziell unterschiedlicher Voraussetzungen, Motive und Zielsetzungen von Schüler*innen im Sportunterricht dazu führen kann, dass Ungleichheiten weiter verfestigt werden. Insofern gilt es, Unterschiede zu benennen, nach deren Ursachen zu fragen und nicht als geschlechtsbezogen determiniert zu erachten.

Im nächsten didaktischen Schritt erhalten die Studierenden die Aufgabe, paarweise herauszuarbeiten, was Frohn und Süßenbach (2012) unter geschlechtersensiblem Sportunterricht verstehen. Darauf aufbauend sollen sie beschreiben, was die von den Autorinnen für die didaktische Umsetzung verwendeten Begriffe der *Dramatisierung* und *Entdramatisierung* von Geschlecht bedeuten und wie eine darauf aufbauende didaktische Konzeption in verschiedenen Situationen im Sportunterricht umgesetzt werden kann. Durch diese Vorgehensweise soll bei den Studierenden die Fähigkeit gefördert werden, das erworbene Theoriewissen in eine antizipierte Praxis zu transferieren.

Die Ergebnisse dieser Aufgabe werden abschließend im Plenum diskutiert, wobei auch die Frage besprochen wird, inwiefern Situationen denkbar sind, in denen eine explizite Thematisierung von Geschlecht Stereotype aufbrechen bzw. verfestigen kann.

Sitzung 3: „Das ist unfair, wir haben mehr Mädchen im Team!" – Der Umgang mit geschlechtsbezogenen stereotypen Zuschreibungen im Sportunterricht

Im Fokus der dritten Sitzung steht der Umgang mit geschlechtsbezogenen Zuschreibungen. Ziel ist es, die Studierenden dazu zu befähigen, geschlechterrelevante Situationen im Sportunterricht zu erkennen und diese einer geschlechtersensiblen pädagogischen Bearbeitung zuzuführen. Dadurch soll v. a. eine geschlechterbezogene Praxiskompetenz entwickelt werden.

Der Sitzungseinstieg erfolgt mit einem aus der Schulpraxis stammenden Fallbeispiel:

Es ist Sportunterricht in der 7b. Heute darf sich die Klasse ein Spiel aussuchen. Lautstark wird für Fußball gestimmt und die Lehrkraft geht auf den Wunsch ein. Zur Einteilung der Teams verteilt die Lehrkraft abwechselnd grüne und rote Leibchen. Als die Teams sich nach einigen Minuten schließlich für das Spiel auf ihre jeweilige Spielfläche begeben, ertönt der Einwand eines Jungen: „Das ist unfair, wir haben mehr Mädchen im Team!"[4]

Nach der Vorstellung des Fallbeispiels wird im Plenum besprochen, wie die Studierenden die Situation vor dem Hintergrund ihres bislang vorhandenen Wissens über Geschlechterverhältnisse im Sport und über geschlechtersensibles Handeln einordnen. Die Lehrenden reichern die Diskussion an, indem sie weitere Möglichkeiten einbringen, wie die Sportlehrkraft auf diese Äußerung reagieren kann, und analysieren, welche Wirkung die jeweilige Reaktion hervorrufen kann. Dadurch erhalten die Studierenden einen Orientierungspunkt für die in der folgenden Phase anstehende Analyse weiterer Beispiele.

In der Hauptphase des Seminars werden weitere Beispiele ähnlicher Situationen[5] aus dem Sportunterricht auf verschiedene Kleingruppen verteilt und von diesen diskutiert. Die Analyse konkreter Situationen soll die Studierenden dazu befähigen, die darin enthaltenen Probleme in Bezug auf Geschlechterhierarchien herauszuarbeiten, Normen zu reflektieren und Lösungen zu entwickeln. Auf diese Weise soll ein Perspektivwechsel sowie ein auf die eigene Sportbiografie bezogener Reflexionsprozess angeregt werden. Beides sind wichtige Voraussetzungen für das spätere professionelle Handeln als Lehrkraft.

Anhand dieser Beispiele sollen die Studierenden herausarbeiten, ob und inwiefern in den beschriebenen Situationen Geschlecht relevant gemacht wird, und die

---

[4] Diese Aussage stammt von Palzkill und Scheffel (2017). Das Fallbeispiel, das das Zitat rahmt, wurde selbst konstruiert.

[5] Diese Beispiele sind dem Handout *Gendersensibler Sportunterricht* entnommen, einsehbar unter: https://www.uni-bielefeld.de/fakultaeten/sportwissenschaft/studium-und-lehre/gender-in-der-lehre/_doc/Gendersensibler-Sportunterricht-Begrundung-und-Empfehlungen.pdf.

etwaigen Folgen diskutieren. Ferner haben sie die Aufgabe, eine geeignete und eine weniger geeignete Handlungsmöglichkeit für die Sportlehrkraft zu entwickeln. Diese möglichen Reaktionen der Lehrkraft sollen dann vor dem Hintergrund eines geschlechtersensiblen Unterrichts begründet und bewertet werden. Abschließend präsentieren die Gruppen die entwickelten Handlungsvarianten dem Plenum und stellen diese zur Diskussion.

Den Abschluss dieser Seminarsitzung bildet eine ‚One Sentence Summary', bei der die Studierenden die Aufgabe haben, in Einzelarbeit den folgenden Satz schriftlich zu beenden: *„Das Wichtigste, das ich in den vergangenen drei Sitzungen für mich mitgenommen habe, ist…"* Mit dieser Aufgabe wird das Ziel verfolgt, das in den vorangegangenen drei Sitzungen erworbene Wissen und die gemachten Erfahrungen zu rekapitulieren, zu reflektieren, nach Relevanz zu ordnen und in Beziehung zur eigenen Person zu setzen. Dies soll dazu anregen, wesentliche Lerninhalte vor dem Hintergrund eigener Erfahrungen einzuordnen und einen Bezug zur künftigen Rolle als Lehrer*in herzustellen.

Die Evaluation der Lehrkonzeption zeigte, dass sich das unterrichtliche Design vor allem zur Vermittlung geschlechterbezogenen Wissens im Kontext des Sports und Sportunterrichts eignet. Um das geschlechterbezogene Können mit Blick auf das konkrete Handeln in geschlechterbezogenen Situationen zu fördern, sind jedoch weitere Lehrveranstaltungen einzubeziehen. Insbesondere sollten geschlechterbezogene Aspekte in allen fachpraktischen Kursen und im Verlauf von Praxisphasen verstärkt thematisiert werden. Die Voraussetzungen hierfür scheinen aufseiten der Studierenden insofern gegeben, als diese die behandelten Themen mit großem Interesse aufgenommen und sich mit ihren Erfahrungen und vielen Alltagsbeobachtungen zum Thema immer wieder aktiv eingebracht haben.

Literatur

BiSEd (Bielefeld School of Education). (o. J.). *Portfolioarbeit aktiv! Beispiele reflexiver Schreibübungen für die Arbeit mit dem Bielefelder Portfolio Praxisstudien.* Universität Bielefeld. https://www.uni-bielefeld.de/einrichtungen/bised/forschung-entwicklung/praxisreflexion/pdf/Portfolioarbeit_aktiv.pdf.

Frohn, J., & Süßenbach, J. (2012). Geschlechtersensibler Schulsport. Den unterschiedlichen Bedürfnissen von Mädchen und Jungen im Sport mit Genderkompetenz begegnen. *sportpädagogik, 36*(6), 2–7.

Palzkill, B., & Scheffel, H. (2017). Geschlechtskompetenz im Sportunterricht. In I. Glockentöger & E. Adelt (Hrsg.), *Gendersensible Bildung und Erziehung in der Schule. Grundlagen – Handlungsfelder – Praxis* (S. 173–186). Waxmann.

Wissenschaftsrat. (2008). *Empfehlungen zur Qualitätsverbesserung von Lehre und Studium.* https://www.wissenschaftsrat.de/download/archiv/8639-08.html.

Fortbildungskonzeption für Sportlehrkräfte – ein Workshop zur Ausbildung von Geschlechterkompetenz

12

Ziel dieses zweistündigen Workshops ist es, eine Wissensbasis in Bezug auf Geschlechtervielfalt zu schaffen, für geschlechtsbezogene Situationen im Sportunterricht zu sensibilisieren und einen geschlechtersensiblen Umgang damit anzubahnen.

Der Workshop gliedert sich in vier Teile:

1. **Teil: Vortrag „Geschlechterkompetent im Sportunterricht"**
2. **Teil: Analyse einer typischen Situation im Sportunterricht**
3. **Teil: Gruppenarbeit mit Fallbeispielen**
4. **Teil: Fragen und Antworten**

12.1 Vortrag „Geschlechterkompetent im Sportunterricht"

In einem Vortrag werden zunächst *zentrale Begriffe* geklärt und theoretische Grundlagen in Bezug auf das Thema Geschlecht referiert, wobei ein konstruktivistisches Geschlechterverständnis zugrunde gelegt wird (vgl. Kap. 2). Daran anschließend werden *typische Situationen im Sportunterricht* in Bezug auf Geschlechtergerechtigkeit reflektiert und in den theoretischen Rahmen eingeordnet. Ein weiterer, zentraler Baustein des Vortrags ist die Erläuterung des Begriffs *Geschlechterkompetenz,* die sich aus den Dimensionen Wissen, Wollen und Können zusammensetzt. Geschlechterkompetenz kann demnach aufgeschlüsselt werden in die Kenntnis von Geschlechtertheorien, dem Willen zur Förderung der Schüler*innen jenseits der konstruierten Geschlechterstereotypen sowie dem Können, also der Fähigkeit, Geschlechteraspekte didaktisch-methodisch so zu inszenieren, dass es im Unterricht nicht zur Bildung von Hierarchien qua Geschlecht kommt. Nach dieser begrifflichen Klärung werden dann ausführlich *konzeptionelle und interaktionelle Aspekte* des Könnens an praktischen Beispielen aus dem Sportunterricht dargestellt.

12.2   Analyse einer typischen Situation im Sportunterricht

Im zweiten Teil des Workshops stellen die Referent*innen eine exemplarische Analyse des folgenden Falls vor:

Fallbeispiel „Wir haben mehr Mädchen im Team. Das ist unfair!"
Diesem Fall liegt die Situation zugrunde, dass die Lehrkraft Teams für ein Sportspiel – hier Fußball – eingeteilt hat und ein Schüler seinen Unmut kundtut, indem er sagt: „Wir haben mehr Mädchen im Team. Das ist unfair!" Der Schüler ist offenbar der Ansicht, dass Mädchen nicht richtig Fußball spielen können. Dadurch sei sein Team von vornherein im Nachteil, was er als ungerecht empfindet.

Im Folgenden werden von den Referent*innen fünf unterschiedliche Möglichkeiten[1] vorgestellt, wie die Sportlehrkraft auf diese Äußerung reagieren und welche Wirkung die jeweilige Reaktion hervorrufen kann (vgl. Tab. 12.1).

Erstens: Reagiert die Lehrkraft auf die Äußerung mit „Das gleicht ihr schon aus. Ihr seid doch Fußballer!", bekräftigt sie die Vorstellung von männlicher Überlegenheit. Indem die Lehrkraft der negativen Einschätzung, die der Junge bezüglich der Kompetenz der Mädchen hat, nicht widerspricht, stimmt sie unbewusst der Annahme zu, dass die Mädchen – v. a. *alle* Mädchen – spielschwächer sind bzw. geringere Kompetenzen im Sportspiel haben. Darüber hinaus werden durch die Reaktion der Lehrkraft die eher spielschwachen Jungen unter Druck gesetzt, besonders gut spielen zu müssen, um eben nicht schwach zu erscheinen.

Zweitens: Mit der Antwort „Auch Mädchen können mit dem Ball umgehen!", bringt die Lehrkraft zwar zum Ausdruck, dass Kompetenz nicht zwingend am

---

[1] Die präsentierten Reaktionsmöglichkeiten und die damit hervorgerufene Wirkung sind von Palzkill und Scheffel (2017, S. 176 f.) übernommen.

Tab. 12.1 Exemplarische Analyse des Falls „Wir haben mehr Mädchen im Team. Das ist unfair!"

Mögliche Reaktionen	Wirkung
„Das gleicht ihr schon aus. Ihr seid doch Fußballer!"	‚Männliche' Überlegenheit wird bekräftigt, spielschwache Jungen geraten unter Druck
„Auch Mädchen können mit dem Ball umgehen!"	Kompetenz wird nicht grundsätzlich abgesprochen, ist aber die Ausnahme
„Das sagt der Richtige! Du bist ja selbst nicht in der Lage, den Ball geradeaus zu spielen!"	Der Junge wird von der Lehrkraft abgewertet
Die Lehrkraft überhört den Kommentar	Wird der Aussage nicht widersprochen, kann der Eindruck entstehen, sie sei richtig
„Was willst du damit sagen?"	Die Lehrkraft öffnet die Situation und interpretiert nicht selbst

Geschlecht festgemacht werden kann. Gleichzeitig schwingt in dieser Aussage mit, dass Mädchen, die gute Kompetenzen im Umgang mit dem Ball haben, eher eine Ausnahme sind. Diese Aussage transportiert unbewusst die Annahme, dass Mädchen grundsätzlich weniger kompetent in Sportspielen sind als Jungen.

Drittens: Die Antwort „Das sagt der Richtige. Du bist ja selbst nicht in der Lage, den Ball geradeaus zu spielen!" enthält eine Gegenabwertung. Damit begibt sich die Lehrkraft auf die gleiche abwertende Ebene wie vorher der Schüler. Außerdem entkräftet dies nicht die Aussage des Schülers, sondern bestätigt diese eher noch.

Viertens: Schließlich kann die Lehrkraft so tun, als ob sie den Kommentar gar nicht gehört hat. Wird einer solchen Aussage allerdings nicht widersprochen, dann kann bei den Schüler*innen der Eindruck entstehen, die Aussage sei richtig. Dadurch werden bestehende Geschlechterstereotype weiter gefestigt.

Fünftens: Reagiert die Lehrkraft hingegen mit einer Gegenfrage, wie z. B. „Was willst du damit sagen?", interpretiert sie nicht selbst, sondern öffnet die Situation und bietet damit einen Anlass zur Reflexion. Gemeinsam mit der Klasse kann dann erörtert werden, dass viele der wahrgenommenen Leistungsunterschiede zwischen Mädchen und Jungen auf Training und unterschiedlichen Erfahrungen in der jeweiligen Sportart beruhen und daher nicht geschlechts-, sondern eher sozialisationsbedingt sind.

Tab. 12.2 Fallbeispiele und ihre theoretische Einordnung

Fallbeispiel	Einordnung
a) „Die Jungen geben nie den Ball ab!"	Dominanzverhalten im Sportunterricht
b) „Mit der Transe spiele ich aber nicht!"	Diskriminierungen bei der Teamzusammensetzung
c) „An der Station macht ihr Liegestütze! Wer das nicht kann, macht Frauenliegestütze!"	Diskriminierung von Frauen
d) „In der Hose hat sie einen richtigen Knackarsch!"	Sexualisierte Kommentare

12.3   Gruppenarbeit mit Fallbeispielen

Anschließend erfolgt eine Phase mit arbeitsteiliger Gruppenarbeit, in der die Teilnehmenden entlang der vorab exemplarisch vorgestellten Musteranalyse weitere Situationen aus dem Sportunterricht analysieren und geschlechtersensible Handlungsoptionen entwickeln. Es handelt sich um vier unterschiedliche Fallbeispiele, die eine Einordnung vor dem Hintergrund verschiedener theoretischer Aspekte erlauben.

Die Workshop-Teilnehmenden bearbeiten das ihnen zugeteilte Beispiel in Kleingruppen und tragen ihre Ergebnisse später im Plenum vor, sodass alle Teilnehmer*innen eine Reihe von Situationen und den möglichen Umgang mit ihnen kennenlernen. Die Referent*innen ergänzen die Ergebnisse ggf. um weitere, von den Teilnehmenden nicht genannte Aspekte (vgl. Tab. 12.2).

12.4   Fragen und Antworten

Im vierten und abschließenden Teil des Workshops werden noch offene Fragen der Teilnehmenden beantwortet, weiterführende Themen diskutiert und Anregungen für neue Inhalte, die in künftigen Fortbildungen berücksichtigt werden sollten, aufgenommen.[2]

---

[2] Bei der Überarbeitung dieser Fortbildungskonzeption werden verstärkt Aspekte eines TIN* inklusiven Sportunterrichts eingearbeitet. Des Weiteren bietet es sich an, exemplarisch Praxiseinheiten zu entwickeln, die dann in der Fortbildung erprobt und ggf. gemeinsam modifiziert werden.

Literatur

Palzkill, B., & Scheffel, H. (2017). Geschlechterkompetenz im Sportunterricht. In I. Glockentöger & E. Adelt (Hrsg.), *Gendersensible Bildung und Erziehung in der Schule. Grundlagen – Handlungsfelder – Praxis* (S. 173–186). Waxman.

Glossar

Agender Agender Personen fühlen sich keiner spezifischen Geschlechtsidentität zugehörig oder lehnen das Konzept von Geschlecht für sich persönlich ab.

Androzentrismus Der Androzentrismus beschreibt eine Weltanschauung, die Männer und männliche Perspektiven ins Zentrum stellt und zur universellen Norm erhebt. Damit werden andere Geschlechter marginalisiert und als Abweichung begriffen. Historisch kann dies zum Beispiel in Bürger- und Menschenrechtsdeklarationen nachverfolgt werden. Diese behaupteten zwar für *alle Menschen* zu gelten, schlossen jedoch Frauen sowie nicht-weiße Männer aus. Androzentrismus ist mit einem dichotomen Geschlechterverhältnis verbunden.

Biologisches Geschlecht Das biologische Geschlecht (engl. sex) wird durch verschiedene Aspekte indiziert. Dazu gehören Chromosomen, Keimdrüsen, der Hormonhaushalt sowie innere und äußere genitale Geschlechtsorgane. Kritiker*innen argumentieren, dass eine binäre Einteilung dabei unzureichend ist, da Geschlecht ein komplexes Spektrum darstellt (s. auch Sex-Gender-Differenz).

Cis; cis-geschlechtlich Als cis-geschlechtlich (cis: lat. diesseits) werden Personen beschrieben, bei denen das bei der Geburt zugeschriebene Geschlecht mit der Geschlechtsidentität übereinstimmt. Cis-Geschlechtlichkeit entspricht der gesellschaftlichen Norm. D. h., in unserer heteronormativen Gesellschaft wird davon ausgegangen, dass alle Personen cis sind.

Deadnaming Als Deadnaming wird das weitere Benutzen eines früheren Namens/des Geburtsnamens einer TIN* Person bezeichnet, welchen diese abgelegt hat. Dies kann unbewusst oder intentional geschehen und wird von den betroffenen Personen oftmals als verletzend empfunden, da es deren Identität infrage stellt.

Dekonstruktion Dekonstruktion ist ein Lektüreverfahren nach Jacques Derrida und beschreibt einen fortlaufenden Prozess des Hinterfragens von Bedeutungen. Dabei wird eine Konstruktion auf verschiedene Weisen analysiert: Die Konstruktion selbst sowie die Variablen ihrer Herstellung werden mit anderen Möglichkeiten der Konstruktion, die ggf. zunächst als paradox, unlogisch, unhaltbar erscheinen, konfrontiert und in Beziehung gesetzt. Verschiedene Konstruktionen erscheinen so bei der Dekonstruktion nicht als gegensätzlich und einander ausschließend, sondern sie werden als gleichberechtigte und gleichzeitige Möglichkeiten interpretiert (vgl. Voß 2010).

Divers Seit dem 01.01.2019 ist divers – neben weiblich und männlich – der dritte (positive) Geschlechtseintrag, der in Deutschland zulässig ist. In erster Linie dient er dazu, dass inter* Personen nicht einem binären Geschlecht zugeordnet werden müssen oder aber – wie bereits möglich – ihr Geschlechtseintrag leer bleibt. Abgesehen von einer juristischen Kategorie ist divers auch eine geschlechtliche Selbstbezeichnung.

Diversity „Unter Diversity (dt. Vielfalt, Diversität) wird die Heterogenität und Diversifizierung sozialer Lebenslagen und sozialer Zugehörigkeiten verstanden, die in Folge von u. a. Migrationsbewegungen, veränderten Geschlechterbeziehungen und der Pluralisierung von Familienformen in westlichen Gesellschaften zunehmen bzw. stärker thematisiert werden als zuvor. Dabei ist eine Lesart vorherrschend, die Diversity als gesellschaftliche und besonders als ökonomische Ressource, als Potenzial, betrachtet" (Heitzmann & Klein, 2015).

Doing gender Dem doing gender von West und Zimmerman (1987) zufolge ist Geschlecht eine Differenzkategorie, die in alltäglichen Praxen, so etwa durch Sprache, Kleidung, Verhalten und Interaktionen, hergestellt wird. Geschlecht wird somit inszeniert, beobachtet und relevant gemacht. Geschlechtsbezogenes Handeln ist dabei jedoch nicht intentional, sondern eine in den Körper eingeschriebene Praxis erlernten Wissens über Geschlechterpräsentation.

Dysphorie Dysphorie bezeichnet die mentale Belastung, die daraus entsteht, wenn das von anderen wahrgenommene Geschlecht bzw. das eigene Körperbild nicht mit der eigenen Geschlechtsidentität übereinstimmt. Genderdysphorie wurde 2013 im DSM-5 der American Psychiatric Association eingeführt, um den negativ belasteten Begriff der *Gender Identity Disorder* zu ersetzen. Die weiterbestehende Definition von Dysphorie als psychische Erkrankung wird jedoch von einigen Stellen kritisiert, da sie zur anhaltenden Stigmatisierung und Pathologisierung von Trans*identität beiträgt.

Empowerment „Durch Empowerment (dt. Ermächtigung, Stärkung) wird die Selbstbestimmung und Handlungsfähigkeit von Menschen oder Gemeinschaften verbessert" (Glossar BMFSFJ). Ein solcher Prozess kann auf persönlicher, sozialer, politischer oder wirtschaftlicher Ebene initiiert werden.

FLINT*; FLINTA* FLINT* oder FLINTA* sind Akronyme, die verschiedene Geschlechtsgruppen zusammenfassen. **F** steht dabei für Frauen, **L** für Lesben, **I** für inter*, **T** für trans* und **A** für agender. Sie haben gemeinsam, dass sie auf verschiedene Weisen in einem patriarchalen System marginalisiert werden. Das Akronym wird deshalb oft verwendet, um Thematiken zu besprechen, von denen cis-geschlechtliche Männer nicht betroffen sind, oder um Räume zu markieren, die für diese Gruppen als Schutzräume in einer patriarchalen Gesellschaft markiert sind. Die beiden verschiedenen Versionen zeigen schon, dass solche Akronyme zeit- und raumabhängig sind und sich im Zuge von Diskursen zu Inklusion und Macht verändern.

Gatekeeping Gatekeeping beschreibt Ausschlussprozesse, bei denen der Zugang zu bestimmten Bereichen (z. B. Räumen, Ressourcen, Strukturen, Teilhabe, Diskurse) kontrolliert und limitiert wird. Gatekeeping-Prozesse sind alltäglich, sie sind jedoch problematisch, wenn diskriminierende Kriterien den Zugang bestimmen.

Gender Gender (dt. soziales Geschlecht) beschreibt Geschlecht als gesellschaftlich, sozial und kulturell konstruiert. Damit wird betont, dass das Rollenverhalten von Individuen, welche als ‚typisch' weiblich oder männlich eingeordnet werden könnten, nicht naturbedingt bzw. natürlich sind. Vielmehr sind sie Ausdruck von kulturspezifischen sozialen Konventionen (s. auch Sex-Gender-Differenz).

Gender Mainstreaming Gender Mainstreaming ist ein Konzept, das darauf abzielt, bei allen gesellschaftlichen und politischen Vorhaben Geschlechtergerechtigkeit systematisch zu berücksichtigen. Verpflichtungen zur Umsetzung einer effektiven Gleichstellungspolitik im Sinne des Gender Mainstreaming ergeben sich sowohl aus dem internationalen Recht als auch aus dem nationalen Verfassungsrecht.

Gender Pay Gap Der Gender Pay Gap beschreibt den Lohnunterschied beim Brutto-Stundenlohn zwischen Männern und Frauen. Dabei wird zwischen *bereinigt* und *unbereinigt* unterschieden. Der bereinigte Gender Pay Gap betrachtet Lohnunterschiede zwischen Frauen und Männern in vergleichbaren Positionen mit vergleichbaren Tätigkeiten. Der unbereinigte Pay Gap betrachtet den Unterschied im Allgemeinen. Er fällt generell höher aus als der bereinigte, da Frauen stärker in Berufen vertreten sind, die im Schnitt schlechter bezahlt werden. Beide Arten der Berechnung haben ihre Berechtigung. Der unbereinigte Pay

Gap gibt z. B. Hinweise darauf, dass Berufszweige, die weiblich dominiert sind (z. B. soziale Berufe) schlechter entlohnt und gesellschaftlich weniger wertgeschätzt werden.

Genderkompetenz/Geschlechterkompetenz Gender- bzw. Geschlechterkompetenz meint die Fähigkeit und Bereitschaft, das eigene Handeln und Fachwissen unter Bezugnahme von Genderaspekten zu reflektieren. Grundlegend dafür ist „eine Verbindung von fachlichem geschlechtsbezogenem Wissen mit persönlichen geschlechtsbezogenen Kompetenzen" (Kunert-Zier, 2005, S. 284). Damit wird das Ziel verfolgt, die Handlungsmöglichkeiten für alle Geschlechter zu erweitern und Geschlechterbeziehungen hinsichtlich der Gleichstellung aller Personen zu verändern (vgl. ebd.).

Geschlechter-Binarität Binarität (= Zweigliedrigkeit)
Das Konzept der Geschlechter-Binarität ist eine Klassifizierung, welche Geschlecht in zwei klar trennbare, gegensätzliche Gruppen, nämlich ‚männlich'/‚weiblich' trennt. Geschlecht wird dabei generell mit Körpermerkmalen verknüpft, welche nach dieser Klassifizierung eines von zwei dichotomen Geschlechtern anzeigen. Über den Körper hinaus werden auch Verhalten, Eigenschaften und Tätigkeiten dieser Dichotomie unterworfen und vergeschlechtlicht (s. auch Heteronormativität).

Geschlechterwissen Geschlechterwissen meint die Gesamtheit an Wissen – wissenschaftlich ebenso wie alltäglich – zu Geschlecht. Der Begriff wurde von Irene Dölling (2005) geprägt. Das Gegenteil ist Geschlechterblindheit oder Geschlechterneutralität, eine Einstellung, die Geschlecht keine Bedeutung beimisst und die Relevanz von Geschlecht als Differenzkategorie in unseren Gesellschaften ausblendet.

Geschlechtsangleichende Operation Der Begriff Geschlechtsangleichende Operation wird sowohl für trans* als auch für inter* Personen verwendet, impliziert jedoch zwei sehr verschiedene Situationen. Viele trans* Personen sehen darin die Möglichkeit, ihre Körper der eigenen Vorstellung anzupassen. Bei inter* Personen (und vor allem inter* Kindern) ist es der Versuch, ihre von der Norm der Zweigeschlechtlichkeit abweichenden Körper dieser Binarität anzupassen; dies oft mit psychischen Folgen und der Notwendigkeit lebenslanger Hormontherapie und Nachfolgebehandlungen.

Geschlechtsidentität Geschlechtsidentität bezeichnet die Selbstbezeichnung und -zuordnung einer Person zu einem Geschlecht. Die Geschlechtsidentität kann mit dem bei der Geburt durch andere zugewiesenen Geschlecht übereinstimmen (s. cis-geschlechtlich) oder, wie bei trans*, inter* und nicht-binären Personen, auch nicht.

Hegemoniale Männlichkeit Hegemoniale Männlichkeit beschreibt idealisierte Vorstellungen von Männlichkeit, die wiederum bestimmte Eigenschaften und Verhaltensweisen hervorbringen und geht auf ein Konzept der Soziologin Connell (2015) zurück. Männlichkeit sollte jedoch nicht als Monolith betrachtet werden. Demgegenüber gibt es unzählige Formen von Männlichkeiten, welche zueinander und zu anderen Geschlechtern in hierarchischer Relation stehen. So werden Männlichkeiten, die nicht der hegemonialen Vorstellung entsprechen, dieser ebenso untergeordnet und marginalisiert. Laut Connell profitieren jedoch auch Männer davon, die nicht der hegemonialen Männlichkeit entsprechen. Durch Komplizenschaft tragen sie zur Marginalisierung anderer Gruppen (z. B. Frauen, andere Geschlechter) bei. Wie sich die hegemoniale Männlichkeit in einer Gesellschaft definiert, ist sowohl kultur- als auch zeitabhängig. Sie unterliegt einem sozialen Wandel.

Heteronormativität Heteronormativität ist ein soziales Ordnungssystem, welches Heterosexualität als gesellschaftlichen Standard setzt. Damit ist die Idee der Normalität von heterosexuellem Begehren verknüpft sowie die Binarität von Geschlecht und die Kohäsion von biologischem und sozialem Geschlecht. Mit dieser Normsetzung sind Machtverhältnisse verbunden. So werden andere Sexualitäten und Geschlechtsidentitäten hierarchisch untergeordnet, ausgegrenzt und sozial sanktioniert.

Inter*; intergeschlechtlich Inter* (lat. zwischen) Personen können weder der normativen Vorstellung von Männlichkeit noch Weiblichkeit eindeutig zugeordnet werden. Dies kann durch die Bildung von inneren oder äußeren Geschlechtsorganen, aber auch hormonell oder chromosomal bedingt sein. Intergeschlechtlichkeit sagt noch nichts über die Geschlechtsidentität einer Person aus. Eine inter* Person kann sich nur als inter* bezeichnen, aber auch als Frau, Mann oder nicht-binär.

Intersektionalität Intersektionalität betont, dass Differenzkategorien und die daraus erwachsenden Hierarchien auch in ihrer Gleichzeitigkeit und Verwobenheit betrachtet werden müssen. So ist eine schwarze Frau nicht einfach einer Diskriminierung als schwarze Person und als Frau ausgesetzt, sondern als *schwarze Frau* – eine Erfahrung, die nicht einfach verschiedene Formen von Diskriminierung vermengt, sondern spezifische Diskriminierungen hervorruft. Der Begriff wurde 1989 von Kimberlé Crenshaw eingeführt und wird heute verwendet, um die Überschneidung unterschiedlicher Strukturkategorien wie z. B. Herkunft, sozioökonomischer Status, Alter und Geschlecht hervorzuheben (vgl. Winker & Degele 2010).

Intersexualität (s. auch intergeschlechtlich) Manche inter* Personen lehnen den Term „intersexuell" ab, da es sich um eine Geschlechtsidentität und nicht um eine Sexualität handelt. Andere benutzen Intersex als Selbstbezeichnung.

Konstruktivismus Konstruktivismus beschreibt, wie die soziale Realität – und damit auch Wissen, Werte und Normen – durch kollektive Konventionen reproduziert wird. Demnach ist die Wahrnehmung der Wirklichkeit niemals objektiv, denn diese wird kontinuierlich durch soziale Prozesse und symbolische Interaktionen konstruiert.

LGBTQ*/LSBTQ*; LGBTQIA*/LSBTQIA* Akronym für lesbisch, gay/ schwul, bisexuell, trans*, queer, inter*, agender. Das Akronym soll verschiedene Gruppen zusammenfassen, die nicht cis-heteronormativen Vorstellungen von Geschlecht und Sexualität entsprechen. Historisch ist das Akronym von LGB/LSB immer weiter gewachsen und expandiert. Das hat es inklusiver, aber auch unhandlicher gemacht. Manche Personen präferieren deshalb den Begriff queer, um diese Gruppen zusammenzufassen. Einen Konsens gibt es hierbei jedoch nicht.

Misgendern Misgendern ist die Zuweisung eines Geschlechts (z. B. durch Pronomen, Anrede, vergeschlechtlichte Bezeichnungen), das nicht der Geschlechtsidentität der bezeichneten Person entspricht. Misgendern kann absichtlich oder unabsichtlich passieren. Vor allem intentionales Misgendern ist psychische Gewalt gegenüber der misgenderten Person. Dies erfolgt, wenn der abgelegte Geburtsname von anderen weiterhin benutzt wird (s. auch Deadnaming).

Misogynie Misogynie ist ein abstrakter Oberbegriff für die Abwertung von Frauen in einer Gesellschaft. Darunter wird eine Vielzahl von konkreten Einstellungen und Verhaltensweisen gefasst, welche von struktureller (z. B. ökonomischer) Benachteiligung bis zu Femizid reichen. Misogynie ist dabei zumeist unbewusst und von Männern ebenso wie Frauen internalisiert. Misogyne bildet die Grundlage patriarchaler Gesellschaften.

Nicht-binär Mit nicht-binär ist eine Geschlechtsidentität bzw. sind Geschlechtsidentitäten gemeint, die sich nicht in die binäre Vorstellung von Geschlecht einordnen. Nicht-Binarität beschreibt dabei keine bestimmte Mischung von Merkmalen, sondern ist eine Selbstbezeichnung.

Othering Othering ist ein Prozess, bei dem eine Gruppe aufgrund bestimmter Merkmale als andersartig oder fremd markiert wird und infolgedessen oftmals marginalisiert oder exkludiert wird. Mit der Konstruktion derartiger In- und Out-Groups geht eine Hierarchisierung einher, die die andere Gruppe abwertet. Othering ist somit auch eine Form der Objektifizierung und Entmenschlichung.

Pathologisierung „Pathologisierung bedeutet, dass die Identität, der Körper, die Empfindungen, Wahrnehmungen oder Beziehungen einer Person – entgegen deren eigener Wahrnehmung – als ‚krankhaft' oder ‚gestört' bezeichnet werden, weil sie von der Norm abweichen" (Glossar BMFSFJ). In Bezug auf Geschlecht kann dies bedeuten, dass bestimmte Identitäten und Verhaltensweisen, die von der binären Norm abweichen, stigmatisiert werden.

Patriarchat Das Patriarchat ist ein gesellschaftliches System, in welchem alle Arten von Macht, wie politische Führung, moralische Autorität, soziale Privilegien und wirtschaftliche Kraft, in männlicher Hand liegen. Diese Zentrierung von Macht unter männlicher Kontrolle geht einher mit Ideologien, die dies rechtfertigen. Eine der Rechtfertigungen ist die Konstruktion einer inhärenten Geschlechterdifferenz, die Männer dazu befähigt, diese Macht innezuhaben und mit ihr umzugehen, während Frauen nach dieser Denkrichtung nicht dazu in der Lage sind (s. auch Sexismus).

Privileg(ien) Inversion des Konzepts von Diskriminierung, welches den Fokus auf jene legt, die von Ungleichheitsstrukturen profitieren. Diese Ungleichheitsstrukturen bieten privilegierten Gruppen und Individuen eine strukturelle Bevorteilung. Dies kann rechtlich kodifiziert sein, muss es jedoch nicht (z. B. das Recht auf Ehe und Adoption und die damit verbundenen Möglichkeiten und Vorteile, welche in vielen Ländern heterosexuellen Paaren vorbehalten sind). Privilegierung kann somit auch als die Abwesenheit von Benachteiligung oder Nicht-Erfahrung von Diskriminierung beschrieben werden. Da Privilegien generell mit kultureller Dominanz und Deutungshoheit verbunden sind, wird die Erfahrung privilegierter Gruppen oft als Norm gesetzt. Die Existenz und das Wirken von Privilegien werden damit ausgeblendet, sodass vielen privilegierten Personen nicht bewusst ist, dass sie priviligiert sind. Geschlecht und Rassifizierung sind dabei nur zwei von vielen sozialen Konstruktionen aufgrund derer Personen privilegiert sein können.

Queer Queer kommt aus dem Englischen und wurde lange als Schimpfwort für Menschen benutzt, die nicht heteronormativen Vorstellungen entsprachen. In den vergangenen Jahren wurde es jedoch von den Communities positiv angeeignet und fungiert nun als Überbegriff für Personen, die sich als nicht cisgeschlechtlich oder heterosexuell identifizieren, wie auch als Selbstbezeichnung für Personen, die ihre Identität nicht genauer definieren wollen.

Queerfeindlichkeit Als Queerfeindlichkeit wird die Diskriminierung von queeren Menschen bezeichnet. Diese Diskriminierung kann strukturell, symbolisch oder zwischenmenschlich sein. Sie kommt als Benachteiligung, Andersbehandlung, aber auch als Ablehnung, Beschimpfung sowie verbale oder körperliche Gewalt zum Ausdruck. Ein alternativer Begriff ist Homophobie. Dieser wird jedoch stellenweise abgelehnt, da er eine Phobie (im Sinne einer psychischen Angststörung) suggeriert und die einer solchen Haltung inhärente Gewalt relativiert.

Sex-Gender-Differenz Sex-Gender-Differenz bezeichnet die Unterscheidung zwischen dem – aufgrund biologischer Merkmale – zugewiesenen Geschlecht, d. h. einem *natürlichen* Geschlecht, und dem sozialen Geschlecht, das sich aus kulturellen und sozialen Prozessen ergibt. Dieses Prinzip postuliert, dass Geschlechterunterschiede nicht in den Körpern bzw. in der Natur von Männern und Frauen liegen, sondern vielmehr konstruiert sind. Die Sex-Gender-Differenz versteht sich damit als anti-biologistische Theorie, die auf die soziale Bedingtheit von Geschlechterunterschieden hinweist. Jedoch naturalisiert sie damit auch eine biologistische Dichotomie von körperlicher Geschlechtlichkeit. Gerade auf dieser Grundlage wurde die Sex-Gender-Differenz in den letzten drei Jahrzehnten kritisiert, da sie den männlichen und weiblichen Körper weiterhin als wissenschaftliches Faktum begreift. Andere Wissenschaftler*innen wie z. B. Judith Butler verweisen jedoch darauf, dass es keinen Körper außerhalb eines vergeschlechtlichten Diskurses gibt.

Sexismus Sexismus ist die soziale Konstruktion von Unterschieden zwischen Geschlechtern, welche die ideologische Grundlage für Diskriminierung, Abwertung, Benachteiligung und Unterdrückung aufgrund von Geschlecht darstellt. Damit verbunden sind Stereotype und Vorurteile, welche Erwartungen, Wahrnehmung sowie das Verhalten gegenüber den Geschlechtern formen. Die Forschung unterscheidet zwischen verschiedenen Arten von Sexismus. Unter traditionellem Sexismus wird generell eine Art offener Sexismus verstanden, welcher unumwunden Menschen aufgrund des Geschlechts diskriminiert. Moderner Sexismus hingegen ist subtiler. Darunter fallen z. B. die Leugnung von weiterhin existierender Diskriminierung in modernen Gesellschaften oder die Ablehnung von Maßnahmen zur Minderung der Ungleichheit zwischen den Geschlechtern. Auf einer anderen Achse wird zwischen hostilem und wohlwollendem Sexismus unterschieden. Während hostiler Sexismus – ähnlich dem offenen Sexismus – offen und klar in seiner Ablehnung ist (z. B. durch Beschimpfung von Frauen, die nicht entsprechend klassischer Rollenbilder handeln), beschreibt wohlwollender Sexismus Verhalten, welches weiterhin von klassischen Rollenbildern abhängt, jedoch die positiven Stereotype herausstellt und z. B. die Schutzbedürftigkeit von Frauen betont. Theoretisch können der Definition entsprechend auch Männer negativ von Sexismus betroffen sein (z. B. durch das Absprechen von Emotionalität). Aufgrund des Machtgefälles zwischen Männern und Frauen sowie anderen marginalisierten Geschlechtern in modernen Gesellschaften sind sie in sexistischen Gesellschaften jedoch generell privilegiert.

Stereotyp Stereotype sind vereinfachte Typisierungen von Menschen und Gruppen, welche dazu dienen sollen, die Komplexität der Wirklichkeit zu reduzieren. Dies soll Interaktionen vereinfachen, da Stereotype Erwartungen für Handeln und Reaktion schaffen. Problematisch an diesen ist jedoch, dass Stereotype keine objektiven Erkennungsmuster bieten. Vielmehr sind sie Resultat kollektiver und individueller Erfahrungen sowie sozialer Prägung. Gerade weil Stereotype in der Regel latent und unreflektiert angewandt werden, können sie zu diskriminierender Behandlung führen. Stereotype stellen die Generalisierung einer fremdzugeordneten Gruppe über die Erfahrung mit dem Individuum dar.

Sternchen bzw. Gendersternchen Das Sternchen, auch Asterisk, entstammt konzeptionell bestimmten Anwendungen in der Informatik. Dort wird das Asterisk z. B. in Suchmaschinen als Platzhalter für unbekannte Zeichen verwendet. Das Gendersternchen verweist also auf die Möglichkeit unbestimmter und ungewisser Variation und versucht damit, Kategorien offen und flexibel zu halten sowie auf deren wandelbare Konstruktion aufmerksam zu machen.

TIN* TIN steht für trans*, inter*, nicht-binär und fungiert als Sammelbegriff für diese Gruppen.

Trans*; Transgender; Transgeschlechtlich Trans* (lat. hinüber, jenseits) fungiert als Sammelbezeichnung für Personen, deren Geschlechtsidentität nicht mit dem bei der Geburt zugeschriebenen Geschlecht übereinstimmt.

Transition Als Transition (engl. Übergang, Durchquerung) bezeichnen trans* Personen die Dauer des Prozesses der körperlichen und/oder sozialen Veränderung zum Leben im nicht fremdzugeschriebenen Geschlecht. Dies kann körperliche Veränderungen durch Operationen und Hormoneinnahme beinhalten sowie die Wahl eines Vornamens und anderer Pronomina etc.

Transsexuell Ähnlich wie beim Begriff *intersexuell* ist transsexuell eine Bezeichnung für trans* Menschen, die heute für viele als veraltet gilt, da es sich bei trans* um eine Identität und nicht Sexualität handelt. Manche trans* Menschen verwenden transsexuell jedoch weiterhin als Selbstbezeichnung.

Überlegenheitsimperativ bei Jungen Als Überlegenheitsimperativ wird der Drang oder die vermeintliche Erwartung bezeichnet, als Junge die eigene Überlegenheit demonstrieren und Kompetenz, Stärke und Durchsetzungsfähigkeit zeigen zu müssen. Dieser Überlegenheitsimperativ verhindert das Zulassen von Gefühlen der Schwäche sowie von weichen und sensiblen Seiten (vgl. Schmerbitz & Seidensticker, 1997, S. 26).

Literatur

Bundesministerium für Familie, Senioren, Frauen und Jugend. (31. Mai 2024). Pathologisie-rung. Regenbogen-Portal.de. Abgerufen von https://www.regenbogenportal.de/glossar?tx_dpnglossary_glossary%5Baction%5D=show&tx_dpnglossary_glossary%5Bcontroller%5D=Term&tx_dpnglossary_glossary%5Bterm%5D=37&cHash=1132e41c6eb2d26659c2b8463d9cf44d.

Bundesministerium für Familie, Senioren, Frauen und Jugend. (31. Mai 2014). Empower-ment Regenbogen-Portal.de Abgerufen von https://www.regenbogenportal.de/glossar?tx_dpnglossary_glossary%5Baction%5D=list&tx_dpnglossary_glossary%5Bcontroller%5D=Term&tx_dpnglossary_glossary%5BcurrentCharacter%5D=E&cHash=73cbc57dabc90d0bddaed6dd03114852.

Dölling, I. (2005). ‚Geschlechter-Wissen' – ein nützlicher Begriff für die ‚verstehende' Ana-lyse von Vergeschlechtlichungsprozessen? *Zeitschrift für Frauenforschung & Geschlech-terstudien, 23*(1/2), 44–62. 10.25595/32.

Heitzmann, D., & Klein, U. (2015). *Diversity.* Gender Glossar. https://ul.qucosa.de/api/qucosa%3A15385/attachment.

Schmerbitz, H., & Seidensticker, W. (1997). *Sportunterricht und Jungenarbeit.* Friedrich.

Voß, H.-J. (2010). *Making Sex Revisited: Dekonstruktion des Geschlechts aus biologisch-medizinischer Perspektive.* Transcript. https://doi.org/10.25595/208.

West, C., & Zimmerman, D. (1987). Doing gender. *Gender and Society, 1*(2), 125–151.

Winker, G., & Degele, N. (2010). *Intersektionalität: Zur Analyse sozialer Ungleichheiten* (2. Aufl.). transcript. https://doi.org/10.1515/9783839411490.

Stichwortverzeichnis

B
Binärgeschlechtlichkeit, 128

C
cis-Gesellschaft, 10, 20

D
Dekonstruktion, 108, 132
Doing gender, 8, 143

G
Gender, 143
Geschlecht
  binäres, 9, 13, 143
  divers, 9
  heteronormatives, 34
Geschlechterbinarität, 1
Geschlechterkompetenz, 14, 149
Geschlechtsidentität, 130

M
Männlichkeit, hegemoniale, 58, 134
Misgendern, 39

O
Ordnung, heteronormative, 14

P
Person
  cis-geschlechtliche, 52
  diversgeschlechtliche, 30
  inter*, 2, 9, 19, 39
  nicht-binäre, 2, 9, 19, 30, 39, 83
  trans*, 2, 9, 19, 39, 52

Q
Queerfeindlichkeit, 43, 52

S
Sportgruppe, queere, 2
Studierende
  inter*, 127
  nicht-binäre, 127

T
TIN*, 10, 19, 32, 40
Transgeschlechtlichkeit, 52
Transition, 10, 20
Transitionsprozess, 98

U
Überlegenheit, männliche, 96
Überlegenheitsimperativ, 55, 136, 143

© Der/die Herausgeber bzw. der/die Autor(en), exklusiv lizenziert an
Springer-Verlag GmbH, DE, ein Teil von Springer Nature 2024
N. Fast et al., *Geschlechtersensibles Lehren im Sport*,
https://doi.org/10.1007/978-3-662-69265-3

GPSR Compliance

The European Union's (EU) General Product Safety Regulation (GPSR) is a set of rules that requires consumer products to be safe and our obligations to ensure this.

If you have any concerns about our products, you can contact us on ProductSafety@springernature.com

In case Publisher is established outside the EU, the EU authorized representative is:

Springer Nature Customer Service Center GmbH
Europaplatz 3
69115 Heidelberg, Germany

The manufacturer's authorised representative in the EU is Springer
Nature Customer Service Centre GmbH, Europaplatz 3, 69115 Heidelberg,
Germany. If you have any concerns regarding our products, please
contact ProductSafety@springernature.com

Printed and bound by CPI Group (UK) Ltd, Croydon, CR0 4YY
28/04/2026
02098540-0006